اكتشف ائر الرائعة

100 وصفة شهية لكل مناسبة

باميلا موريس

مواد حقوق التأليف والنشر

© 2023 جيلبرت كاليفورنيا

كل الحقوق محفوظة

لا يجوز استخدام أي جزء من هذا الكتاب أو نقله بأي شكل أو بأي وسيلة دون موافقة كتابية مناسبة من الناشر ومالك حقوق النشر ، باستثناء الاقتباسات الموجزة المستخدمة في المراجعة. لا ينبغي اعتبار هذا الكتاب بديلاً عن المشورة الطبية أو القانونية أو المهنية الأخرى.

جدول المحتويات

جدول المحتويات.....3
مقدمة.....8
قشرة وقذائف.....9
1. قشرة فطيرة أساسية.....10
2. قشرة التورتة الحلوة غير القابلة للانكماش.....12
3. قذائف تارت الجبن.....15
4. قذيفة تارت قشرة دقيق الذرة.....17
5. قذائف تارت خالية.....19
6. قشرة الشوكولاتة.....21
7. قشرة جراهام.....23
8. قذائف ميني تارت.....25
9. طبقة تارت حلوة فرنسية.....27
10. قذائف تارت جبنة كريم.....29
11. قذائف الجوز تارتليت.....31
12. قذائف Phyllo تارت.....33
13. عجينة تارت الغريبة.....35
14. قشرة تارت بدون بيض.....37
15. قشرة تارت القمح الكامل.....40
قطع الشوكولاتة.....42
16. تارت ترافل مع صوص اسبريسو.....43
17. تارت الشوكولاتة الداكنة مع قشرة الزنجبيل.....45
18. تارت كعكة الشوكولاتة.....48

3

19. فطائر زبدة الشوكولاتة	51
20. ميني تارت بالشوكولاتة وجوز الهند	53
21. تارت الشوكولاتة بالبندق	55
22. تارت الشوكولاتة ماسكاربوني الجوز	58
23. فطائر الشوكولاتة المصغرة	61
24. تارت شوكولاتة الكمأة مع توت العليق	63
25. تارت التوت البري والشوكولاتة البيضاء	65
26. تارت كريم شوكولاتة دبل	68
27. تارت شوكولاتة فادجي	71
28. تارت فواكه طازجة وشوكولاتة	73
29. تارت شوكولاتة حار	75
30. تارت موس الفراولة بالشوكولاتة البيضاء	77
31. حلوى كونونجنز تارت بالشوكولاتة السويدية	80
32. تارت الشوكولاتة البيضاء والموز	83
33. تورتة الشوكولاتة الداكنة الشريرة	86
تارت المأكولات البحرية	89
34. فطائر ألاسكا للمأكولات البحرية	90
35. تارت جراد البحر والجبن الحار	92
36. تارت الاسكالوب والجبنة الزرقاء	94
37. سمك السلمون المدخن بالكريمة والشبت تارت	96
38. فطائر السلمون النرويجي	99
39. فطائر السلمون المدخن الصغيرة	102
40. فطائر الروبيان الاحتفالية	104
41. الجمبري والبصل والطماطم	106

109	42. تارت كوكتيل الروبيان
111	البندق تارتس
112	43. تارت اللوز
115	44. تارت الشوكولاتة المكسيكية مع جوز البقان المتبل
118	45. تارت فرانجيباني بالفواكه الموسمية
121	46. باكويل تارت
123	47. تارت التفاح و الجوز
126	48. تارت المشمش المكاديميا الجوز
129	49. تارت بلاك بيري كريم الجوز
132	50. تارت الجزر والجوز
134	51. تارت الكراميل الجوز
137	52. فطائر الجوز بالفواكه
139	53. تارت الجوز البرازيلي بالبرتقال
142	54. تارت الصنوبر
144	قطع الفاكهة
145	55. فطائر اللوز والمشمش
147	56. تارت البرقوق الألزاسي
149	57. فطيرة التفاح
151	58. التفاح والزبيب تارت تاتين
153	59. تارت التفاح والقرفة
155	60. تارت التفاح بالتوت البري مقلوب
157	61. تارت التفاح والتوت
160	62. تارت التوت باللبن
163	63. تارت فواكه مشكلة

64. فطائر فواكه العيد	165
65. تارت فواكه قوس قزح	167
66. تارت كريمة الفانيليا بالفواكه	170
67. تارت فواكه باريسيان	172
68. تارت الفاكهة البيضاء الممتاز	175
تارت الخضار	177
69. تارت بطاطس جبال الألب	178
70. تارت الخرشوف	180
71. تارت فطيرة الجبن Pumpkin pie	182
72. فطائر الخضار المشوية	184
73. تارت بريوش بالخضار المشوي وجبن الماعز	186
74. تارت الخضار اللذيذ	189
75. تارت الكاسترد بالخضار	192
قطع الجبن	194
76. تارت الجبن الألزاسي	195
77. أماريتو فطائر الجبن	197
78. تارت الجبن البلجيكي	199
79. تارت الفلفل والجبن	201
80. تارت الجبن بالفطور	204
81. تورتة كريمة بالثوم والجبن	207
82. تارت الكاري والجبن	209
83. تارت الجبن الفرنسي	211
84. تارت جبن الماعز والسبانخ	214
85. تارت الأناناس والجبن الذهبي	216

86. عنب و تارت الكشمش مع جبن فونتينا	....	219
87. فطائر الجبن بالأعشاب	....	221
88. تارت جبنة البحر الأبيض المتوسط	....	223
89. فطائر الليمون والجبن	....	226
90. تارت جبنة البابايا مع مكسرات المكاديميا	....	228
91. تارت جبنة الريكوتا والسبانخ	....	231
92. تارت الجبن الجنوبي الغربي	....	233
تارت الفطر	....	235
93. تارت الفطر الغريب	....	236
94. فطائر الفطر الرقيقة	....	239
95. تارت الباذنجان المشوي والفطر	....	241
96. فطائر الفطر	....	244
97. تارت مشروم مدخن	....	246
98. تارت الفطر الثلاثي	....	249
99. تارت الفطر البري وجبن الماعز	....	251
100. فطر بري و بيكورينو تارت	....	254
خاتمة	....	256

مقدمة

مرحباً! تم تصميم كتاب الطبخ هذا لإثارة شغفك بابتكار الفطائر والتارتات اللذيذة التي ستثير إعجاب العائلة والأصدقاء. سواء كنت خبازًا متمرسًا أو بدأت للتو في رحلة الطهي الخاصة بك ، فإن هذا الكتاب سيرشدك خلال فن صنع المعجنات التي لا تقاوم من الصفر.

في هذه الصفحات ، ستجد كنزًا من الوصفات ، مرتبة بعناية لتقديم مجموعة متنوعة من النكهات والأنماط. من فطائر الفاكهة الكلاسيكية الممتلئة بالمنتجات الموسمية إلى الفطائر اللذيذة المليئة بالمكونات الذواقة ، هناك شيء يرضي كل الأذواق. هدفنا هو تزويدك بالمعرفة والتقنيات اللازمة لتحقيق قشور ذهبية مخبوزة بشكل مثالي وحشوات لذيذة ستجعل الجميع يعودون للمزيد.

كل وصفة مصحوبة بتعليمات خطوة بخطوة ونصائح مفيدة وصور جميلة لإلهامك وإرشادك على طول الطريق. ستتعلم كيفية إتقان فن إنشاء قشرة قشرية وزبدانية ، واستكشاف خيارات التعبئة المختلفة ، وتجربة مجموعات النكهات الفريدة التي سترفع من مهاراتك في صنع التورتة إلى آفاق جديدة.

سواء كنت تستضيف حفلة عشاء أنيقة ، أو تحضر حلوى خاصة لأحد أفراد أسرتك ، أو تنغمس ببساطة في علاج لذيذ لنفسك ، فإن الوصفات الموجودة في كتاب الطبخ هذا ستحول جهودك في الخبز إلى تجارب طهي لا تُنسى. لذا ، احصل على دبوس التدحرج الخاص بك ، وقم بإزالة الغبار عن المريلة الخاصة بك ، ودعنا نبدأ رحلة ممتعة عبر عالم الفطائر والكعك!

قشرة وقذائف

1. قشرة فطيرة أساسية

يجعل: 1 قذيفة تارت

مكونات:
- 8 ملاعق كبيرة زبدة غير مملحة باردة
- 1 1/4 كوب + 4 ملاعق كبيرة طحين المعجنات
- نصف ملعقة صغيرة ملح
- 2 إلى 3 ملاعق كبيرة من الماء المثلج
- 1 ملعقة صغيرة خل عصير التفاح اختياري
- نصف ملعقة صغيرة بيكنج بودر

تعليمات:
a) قسّم الزبدة إلى جزأين ، حوالي ثلثي إلى ثلث .
b) قطّع الزبدة إلى مكعبات بحجم بوصة.
c) غلفي كل جزء من الزبدة بغلاف بلاستيكي ، وضعي الكمية الأكبر في الثلاجة ، ثم جمدي الجزء الأصغر لمدة 30 دقيقة على الأقل.
d) ضع الدقيق والملح ومسحوق الخبز في كيس تجميد بحجم جالون وقم بتجميده لمدة 30 دقيقة على الأقل.
e) أضيفي كمية أكبر من مكعبات الزبدة إلى الدقيق وقلبي لمدة 20 ثانية أو حتى يشبه المزيج وجبة خشنة.
f) أضيفي مكعبات الزبدة المتبقية واخلطيها حتى تصبح الزبدة المجمدة بحجم البازلاء.
g) نضيف أقل كمية من الماء المثلج والخل ونخفق 6 مرات. قرصة أ كمية صغيرة من الخليط معا بين أصابعك.
h) للحصول على قطع صغيرة بحجم 1 بوصة ، احذف مسحوق الخبز واسمح للمعالجة بالاستمرار حتى تتشكل الكرة.
i) يُسكب المزيج في كيس بلاستيكي.
j) أمسك طرفي الكيس المفتوح بأصابعك ، واعجن المزيج بالضغط عليه بالتناوب ، من خارج الكيس ، بمفاصل وكعب يديك حتى يتماسك الخليط معًا في قطعة واحدة ويشعر بالتمدد قليلاً عند سحبه.
k) غلفي العجين بغلاف بلاستيكي ، وافرديه في قرص ، وضعيه في الثلاجة لمدة 45 دقيقة على الأقل.

2. قشرة التورتة الحلوة غير القابلة للانكماش

تكفي لصنع قشرة تارت واحدة بحجم 9 بوصات

مكونات:
- 1 كوب دقيق لجميع الأغراض
- نصف كوب سكر حلواني
- نصف ملعقة صغيرة ملح
- 1 عصا بالإضافة إلى 1 ملعقة كبيرة زبدة غير مملحة ، مقطعة إلى قطع صغيرة
- 1 بيضة كبيرة

تعليمات:

a) نخفق الدقيق والسكر والملح معًا في وعاء محضر الطعام. نثر قطع الزبدة فوقها المكونات الجافة ونخفق حتى تقطع الزبدة بشكل خشن.

b) حرك الصفار ، فقط لتفتيته ، وأضفه قليلًا في كل مرة ، مع الخفقان بعد كل إضافة.

c) عندما تدخل البيضة ، قم بمعالجتها في نبضات طويلة - حوالي 10 ثوانٍ لكل منها - حتى تشكل العجين ، الذي سيبدو حبيبيًا بعد إضافة البيضة بفترة وجيزة ، كتلًا وخثارة. قبل أن تصل إلى هذه المرحلة ، سيتغير صوت الآلة التي تعمل على العجين - رأسًا على عقب.

d) اقلب العجين على سطح عمل واعجن العجين برفق واعتدال لـدمج أي شيء المكونات الجافة التي ربما نجت من الاختلاط. برّدي العجين ملفوفًا بالبلاستيك لمدة ساعتين تقريبًا قبل لفه.

e) لف العجين: ادهن صينية تورتة بقياس 9 بوصات ذات قاع قابل للإزالة.

f)

g) افردي العجينـة المبردة على ورقـة من ورق البرشمان مطحـون بالـدقيق إلى 12 بوصة ، ارفعي العجين وقلبيه من حين لآخر لتحريره من الورق.

h) باستخدام الورق كعامل مساعد ، قم بتحويل العجين إلى قالب تورتة قطره 9 بوصات مع قاع قابل للإزالة ؛ تقشر الورق.

i) سد أي تشققات في العجين.

j) تقليم البروز إلى ½ بوصة. قم بطي الجزء المتدلي للداخل ، مما يجعل الجوانب مزدوجة السماكة.

k) اثقب القشرة في كل مكان بشوكة.

l) بدلاً من ذلك ، يمكنك ضغط العجين بمجرد معالجته: اضغط عليه بشكل متساوٍ عبر أسفل وأعلى جوانب القشرة اللاذعة.

m) جمد القشرة لمدة 30 دقيقة على الأقل.

n) لخبز القشرة كليًا أو جزئيًا: ضع رفًا في الفرن وقم بتسخين الفرن مسبقًا إلى 375 درجة فهرنهايت. ادهن الجانب اللامع من قطعة من رقائق الألومنيوم بالزبدة وضبط الرقاقة، بحيث يكون جانب الزبدة لأسفل، بإحكام على القشرة.

o) وإليك أفضل جزء: بما أنك جمدت القشرة، يمكنك خبزها بدون أوزان. ضعي الصينية اللاذعة على صينية خبز واخبزي القشرة لمدة 20 إلى 25 دقيقة.

p) قم بإزالة الرقاقة بعناية. إذا انتفخت القشرة، اضغط عليها برفق بظهر الملعقة.

q) تُخبز القشرة لمدة 10 دقائق تقريبًا لتخبزها بالكامل، أو حتى تصبح متماسكة ولونها بني ذهبي.

r) انقل المقلاة إلى رف وقم بتبريد القشرة إلى درجة حرارة الغرفة.

3. قذائف تارت الجبن

يصنع: 4 حصص

مكونات:
- نصف كوب تقصير الخضار
- 5 أونصات جبنة أمريكية قابلة للدهن ؛ 1 برطمان
- 1½ كوب طحين غير مبيض

تعليمات:
a) يُمزج السمن مع الجبن في وعاء.
b) نقطع الدقيق في خليط الجبن بسكاكين حتى يمتزجوا جيداً.
c) شكل لفة بقطر 1¼ بوصة وطول 12 بوصة.
d) غلفيه بالكامل بورق مشمع أو غلاف بلاستيكي.
e) برد لمدة ساعة أو أكثر. يسخن الفرن إلى 375 درجة فهرنهايت.
f) أخرجي العجينة من الثلاجة وافركيها. شريحة سميكة ⅛ بوصة.
g) باستخدام 12 كوب مافن أو قالب تارت مقاس 3 بوصات ، ضع شريحة واحدة من العجين في قاع كل منها.
h) تداخل 5 شرائح حول الجزء الخارجي لكل منها.
i) اضغط عليهم برفق. اثقب القيعان والجوانب بشوكة.
j) تُخبز لمدة 18 إلى 20 دقيقة في فرن مُسخن مسبقًا حتى يتحول لونها إلى اللون البني الفاتح.
k) تبرد في المقالي على الرف وقم بإزالة القشرة برفق عندما تكون باردة.

4. قذيفة تارت قشرة دقيق الذرة

يجعل: 1 حصة

مكونات:

- ½2 كوب دقيق الذرة
- 1 ملعقة صغيرة ملح
- 1 عصا الزبدة الباردة غير المملحة. يقطع لاجزاء صغيرة
- 6 ملاعق كبيرة تقصير الخضروات الصلبة؛ بارد
- 5 ملاعق كبيرة ماء مثلج

تعليمات:

a) يُمزج الدقيق والملح في وعاء. باستخدام يديك ، اخلطي الزبدة والسمن في الدقيق حتى يشبه الخليط الفتات الخشنة. رشي الماء المثلج فوق الخليط 1 أو 2 ملعقة كبيرة في كل مرة. اجمع العجينة على شكل كرة. اقلب العجينة على سطح مرشوش بالدقيق.

b) باستخدام كعب يدك ، اعجن العجينة لخلط الزبدة والسمن وجعل المعجنات أكثر قشورًا. برد لمدة 30 دقيقة. افردي العجينة على سطح مرشوش بالدقيق في دائرة قطرها 14 بوصة وسمكها بوصة.

c) اطوي دائرة العجين برفق إلى نصفين ثم إلى النصف مرة أخرى حتى تتمكن من رفعها دون تمزيقها ، وافردها في صينية تورتة مقاس 9 بوصات.

5. قذائف تارت خالية

يصنع: 4 حصص

مكونات:

- 1 بيضة مخلوطة مع 1 ملعقة صغيرة من الماء
- نصف كوب سكر حبيبي
- 1 كوب دقيق
- نصف ملعقة صغيرة ملح
- ⅛ ملاعق صغيرة بيكنج بودر
- 8 ملاعق كبيرة زبدة غير مملحة

تعليمات:

a) في محضر الطعام ، اخلطي السكر والدقيق والملح والبيكنج باودر..
b) عندما تمتزج جيدًا ، أضيفي الزبدة واخلطيها في الماكينة حتى تتفكك الزبدة في خليط الدقيق.
c) نضيف البيض والماء ونخفق حتى تشكل العجينة عجيناً.
d) نقل العجين إلى ورق مشمع. ربّتي عليها في شكل دائري مسطح وضعيها في الثلاجة لمدة 30 إلى 45 دقيقة أو حتى تسترخي ويمكنك دحرجتها للخارج.
e) تقسم العجينة إلى حوالي 8 قطع متساوية.
f) افردي القطع على لوح مرشوش قليلًا بالدقيق.
g) بدلًا من عناء تركيبها في قذائف التارتليت وتحضيرها مسبقًا ، ما عليك سوى تشكيلها على شكل دوائر خشنة أو قطعها إلى قلوب أو مستطيلات.
h) انقل الأشكال الحرة إلى صينية خبز واتركها تبرد لمدة 20 دقيقة أثناء تسخين الفرن مسبقًا إلى 400 درجة.
i) وخز العجين بالشوكة حتى لا ينتفخ العجين.
j) اخبزيها لمدة 10 إلى 12 دقيقة أو حتى تصبح الحواف بنية.
k) أخرجيها من الفرن إلى الرف واتركيها تبرد.
l) عندما تبرد تمامًا قم بتثبيتها مع ما تريد.

6. قشرة الشوكولاتة.

يجعل: 1 فطيرة القشرة

مكونات:
- ¾ خدمة فتات الشوكولاتة
- 8 جرام سكر
- 0.5 جرام ملح كوشير
- 14 جرام زبدة مذابة

تعليمات:
a) تُخفق فتات الشوكولاتة في محضر الطعام حتى تصبح رملية ولا تبقى كتل كبيرة.
b) انقل الرمل إلى وعاء ، واخلطه بيديك مع السكر والملح.
c) نضيف الزبدة المذابة ونعجنها في الرمل حتى تصبح رطبة بدرجة كافية لتتحول إلى كرة.
d) انقل المزيج إلى قالب فطيرة بحجم 10 بوصات.
e) بأصابعك وراحة يديك ، اضغطي قشرة الشوكولاتة بقوة في القالب ، مع التأكد من تغطية قاع وجوانب قالب الفطيرة بالتساوي.
f) ملفوفة في غلاف بلاستيكي ، يمكن تخزين القشرة في درجة حرارة الغرفة لمدة تصل إلى 5 أيام أو في الثلاجة لمدة أسبوعين.

7. قشرة جراهام

يصنع: 2 أكواب

مكونات:
- 190 جرام فتات بسكويت غراهام
- 20 جرام حليب بودرة
- 25 جرام سكر
- 3 جرام ملح كوشير
- 55 جم زبدة ذائبة
- 55 جرام كريمة ثقيلة

تعليمات:
a) ارم فتات غراهام ومسحوق الحليب والسكر والملح بيديك في وعاء لتوزيعها بالتساوي المكونات الجافة.
b) اخفقي الزبدة والقشدة الثقيلة معًا.
c) أضف إلى المكونات الجافة وإرم مرة أخرى للتوزيع بالتساوي.

8. قذائف ميني تارت

تصنع: 20-22 قذائف صغيرة

مكونات:
- 3 أكواب دقيق لجميع الأغراض
- نصف ملعقة صغيرة ملح
- 1 1/2 كوب سكر بودرة
- 3 صفار بيض
- 2 ملاعق صغيرة من عجينة الفانيليا أو خلاصة الفانيليا
- 2 عود زبدة غير مملحة

تعليمات:

a) نخل الدقيق والملح. اجلس جانبا.
b) في الخلاط المزود بملحق بتلات ، اخفقي الزبدة غير المملحة بدرجة حرارة الغرفة والسكر البودرة حتى تصبح ناعمة.
c) في طبق صغير ، اخفقي صفار البيض مع معجون حبوب الفانيليا أو مستخلص الفانيليا.
d) اخفق مزيج صفار البيض تدريجيًا في الزبدة المخفوقة.
e) اكشط الوعاء عدة مرات حسب الحاجة.
f) على سرعة منخفضة ، أضيفي خليط الدقيق تدريجياً إلى خليط الزبدة.
g) امزج حتى تبدأ في التماسك. إذا كانت العجينة مفتتة للغاية ، أضيفي ملعقة صغيرة من الحليب.
h) اقلب العجينة على سطح عمل نظيف أو في وعاء واجمع العجينة معًا بيديك في شكل كرة.
i) ثم شكلي العجينة على شكل قرص ، ولفيها بورق الألمنيوم ، واتركيها تبرد لمدة ساعة إلى ساعتين
j) يسخن الفرن إلى 350 درجة فهرنهايت.
k) ضع قوالب صغيرة لاذعة على صينية خبز. يرش ببخاخ غير لاصق ويترك جانباً.
l) نخرج العجينة المبردة ونقطعها إلى نصفين. دعه يلين لمدة 5 دقائق.
m) قم بلفها بين ورقتين من الورق أو استخدم Dough EZ Mat.
n) قم بتدويرها باستخدام أدلة متدحرجة مقاس بوصة.
o) اقطع أكبر عدد ممكن من الجولات. اجمع القصاصات وأعد لفها.
p) شكلي الفطائر. واستخدمي شوكة لوخز قاع القشرة.
q) اخبزيها على درجة 350 فهرنهايت لمدة 12-14 دقيقة حتى تصبح ذهبية اللون حول الحواف.

9. _طبقة تارت حلوة فرنسية_

يجعل: 1 قذيفة تارت

مكونات:
- 1 كوب دقيق عادي / لجميع الأغراض
- 6 ملاعق كبيرة من السكر الناعم
- 2 1/2 ملاعق كبيرة وجبة لوز
- نصف ملعقة صغيرة ملح
- 100 جم / 7 ملاعق كبيرة زبدة غير مملحة طرية ومقطعة
- 1 بيضة كبيرة في درجة حرارة الغرفة

تعليمات:
a) اخفقي الدقيق والسكر البودرة والملح ووجبة اللوز في وعاء.
b) استخدم أطراف أصابعك لفرك الزبدة فيه المكونات الجافة حتى يشبه فتات الخبز.
c) اخلطيها بملعقة مطاطية حتى يصبح من الصعب تقليبها مرة أخرى ، ثم استخدمي يديك لدمجها معًا في عجين.
d) اقلب العجينة على سطح عمل ، ثم اعجنها لتجمعها معًا في شكل كرة ناعمة.
e) تُسطح في قرص بسمك 2 سم / 0.8 بوصة ، وتُلف بغلاف بلاستيكي وتُوضع في الثلاجة لمدة 30 دقيقة.
f) يُفكّ العجين المُبرّد. ضعها على سطح عمل مرشوش بالقليل من الدقيق.
g) طرح في جولة 13 بوصة.
h) لف المعجنات برفق على شوبك. ثم قم بفردها برفق فوق علبة التورتة.
i) اضبط العجينة لتناسب قالب التورتة ، بحيث تلائم الزاوية ، مع الحرص على عدم شدها.
j) دحرج الشوبك فوق قالب التارت لتقليم العجينة الزائدة.
k) اثقب قاعدة العجين 30 مرة بالشوكة.
l) تُبرّد المعجنات في علبة التارت لمدة 30 دقيقة.

10. قذائف تارت جبنة كريم

يجعل: 24

مكونات:
- 3 أونصات جبنة كريمية طرية
- كوب زبدة طرية
- 1 كوب دقيق لجميع الأغراض

تعليمات:
a) امزج الجبن الكريمي والزبدة أو السمن. يقلب في الدقيق حتى يمتزج. برد لمدة 1 ساعة.
b) يسخن الفرن إلى 325 درجة فهرنهايت.
c) شكلي العجين على شكل 24 كرة بحجم بوصة واحدة واضغطي في أكواب مافن غير مدهونة بقياس 1 بوصة لعمل قشرة ضحلة.
d) املئي الحشوة المفضلة لديك واخبزيها لمدة 20 دقيقة ، أو حتى تصبح القشرة بنية فاتحة.

11. قذائف الجوز تارتليت

يجعل: 12

مكونات:
- 2 كوب دقيق لجميع الأغراض ، بالإضافة إلى المزيد لفرد العجين
- نصف ملعقة صغيرة ملح
- نصف كوب جوز
- كوب زبدة غير مملحة ، مبردة ومقطعة إلى قطع صغيرة

تعليمات:
a) ضع الدقيق والملح والجوز في وعاء محضر الطعام.
b) يُخفق المزيج حتى يصبح الجوز صغيرًا ، لكن ليس جيدًا.
c) نضيف الزبدة ونخفق حتى يصبح المزيج مثل البازلاء الصغيرة ، حوالي 15 ثانية.
d) أثناء تشغيل الماكينة ، أضف ¼ كوب من الماء المثلج عبر أنبوب التغذية.
e) اخفقي العجين حتى تبدأ العجينة في التماسك عندما تضغطين عليها بأصابعك.
f) العجين شكل الى شكل كرة. تتسطح في شكل قرص ولفها بالبلاستيك.
g) انقله إلى الثلاجة واتركه يبرد لمدة ساعة على الأقل.
h) ضع 24 قالبًا تارتليت بحجم 2 بوصة على صينية خبز.
i) قم برش سطح عمل نظيف بخفة بالطحين. افردي العجين إلى سمك ⅛ بوصة. باستخدام سكين تقشير ، قطّعي العجينة إلى أربعة وعشرين مربعًا أكبر قليلاً من المقالي.
j) اضغطي العجين في المقالي ، وقلّمي العجينة المتدلية.
k) ضع صينية تارتليت ثانية فوق كل مقلاة مبطنة لتثقل المعجنات.
l) برد لمدة 30 دقيقة أخرى.
m) سخني الفرن إلى 375 درجة.
n) تُخبز القشرة حتى تصبح بنية خفيفة على الحواف ، لمدة 10 دقائق تقريبًا.
o) قم بإزالة القوالب العلوية واستمر في الخبز حتى ينضج بالكامل ويتحول إلى اللون البني بالكامل ، لمدة 12 إلى 15 دقيقة أخرى.
p) اقلب الأصداف ، وانقلها إلى رفوف سلكية لتبرد. قم بتخزين القذائف في حاوية محكمة الإغلاق لمدة تصل إلى 3 أيام.

12. قذائف Phyllo تارت

يجعل: 12

مكونات:
- 1 لفة من عجينة فيلو مجمدة مذابة
- ½ العصا ذابت الزبدة

تعليمات:
a) سخني الفرن إلى 375 درجة.
b) ضع عجينة فيلو على لوح تقطيع. استخدم عجلة بيتزا لتقطيعها إلى ستة مربعات.
c) غطيها بمنشفة ورقية مبللة.
d) ادهني داخل علبتي الكعك بالزبدة المذابة.
e) كشف 1 كومة من المربعات.
f) ادهني ورقة واحدة بالزبدة المذابة وضعيها في قالب مافن واتركيها.
g) كرر هذا بخمس أوراق.
h) تُخبز في فرن 375 درجة لمدة 8 دقائق أو حتى يصبح لونها بنياً ذهبياً.

13. عجينة تارت الغريبة

تصنع: عجينة تارت مقاس 10 بوصات

مكونات:
للعجين
- 12 ملعقة كبيرة زبدة باردة مقطعة مكعبات
- نصف كوب سكر بودرة
- 2 صفار بيض
- 2 كوب طحين لجميع الأغراض

لغسيل البيض
- 1 بيضة
- 1 ملعقة كبيرة ماء

تعليمات:
a) ضع الزبدة والسكر البودرة وصفار البيض في وعاء محضر الطعام المزود بالشفرة.
b) اخفق المزيج حتى يتجانس لكن لا يزال مرقطًا بالزبدة.
c) نضيف الدقيق ونشغل الآلة حتى تتماسك العجينة عند قرصها بين أصابعك.
d) اقلب العجين على قطعة كبيرة من الرق ، واعجنها عدة مرات لتجميعها معًا ، ثم اربت عليها على شكل قرص.
e) نلفها جيداً في ورق البرشمان ونتركها تبرد لمدة نصف ساعة.
f) سخني الفرن إلى 350 درجة فهرنهايت مع رف في المنتصف.
g) أخرجي العجينة من الثلاجة واتركيها على المنضدة لمدة 15 دقيقة.
h) رشي القليل من الدقيق على سطح العمل وعلى سطح العجين.
i) افردي العجين بواسطة درفلة على شكل دائرة حوالي 12 بوصة.
j) انقلي العجينة بحذر شديد إلى صينية تارت مقاس 10 بوصات ذات قاع قابل للإزالة ، واضغطي على العجينة برفق حتى تستقر بإحكام على قاع وجوانب المقلاة.
k) قم بوخز الجزء السفلي من الغلاف بالكامل بشوكة. ضع كل شيء على ورقة الخبز.
l) ضع قطعة من ورق البرشمان فوق الغلاف ، مع التأكد من تغطية الحواف.
m) انشر الكثير من الفاصوليا المجففة أو أوزان الفطيرة على ورق البرشمان ، بحيث تغطي قاع القشرة اللاذعة بالكامل.
n) اخبزيها لمدة 15 دقيقة بهذه الطريقة ، ثم أزيلي البرشمان والفاصولياء.
o) ادهن القشرة بقليل من مغسول البيض.
p) أعد القشرة إلى الفرن لمدة 10 دقائق إضافية على الأقل.
q) نخرجها من الفرن وتبرد تماماً قبل التعبئة.

14. قشرة تارت بدون بيض

يصنع: 9.5 إنش تارت كرست

مكونات:
- 1 كوب 175 جم دقيق لجميع الأغراض
- ربع كوب 40 جم سكر الحلويات
- نصف ملعقة صغيرة ملح كوشير
- نصف كوب 115 جرام زبدة غير مملحة باردة ومقطعة إلى مكعبات
- 1 ملعقة كبيرة 15 مل حليب مبخر
- 2 ملاعق صغيرة 10 مل كريمة ثقيلة
- 1 ملعقة صغيرة 5 مل خلاصة الفانيليا النقية

تعليمات:
اصنع العجينة:

a) ضع الدقيق والسكر والملح في وعاء محضر الطعام أو الخلاط أو الوعاء ؛ نبضة للجمع.

b) نضيف الزبدة المفرومة ونخفق على دفعات قصيرة حتى يشبه المزيج وجبة خشنة أو فتات الخبز الناعم.

c) مع تشغيل المحرك ، أضف الحليب المبخر والقشدة والفانيليا ، وقم بالخلط / الخلط / التقليب حتى تتماسك العجينة في شكل كرة وتنسحب بعيدًا عن جوانب الوعاء بشكل نظيف.

d) باليد: ميكس المكونات الجافة في وعاء كبير.

e) استخدم قطاعة عجين أو سكاكين لتقطيع الزبدة إلى خليط الدقيق حتى يشبه القوام دقيق الذرة الخشن.

f) ثم تضاف المكونات الرطبة وتخلط بالشوكة حتى تتماسك العجينة.

g) اقلب العجينة على سطح مرشوش بالقليل من الدقيق.

h) اجمع العجينة معًا وافردها. على شكل طبق. غلفي في غلاف بلاستيكي وضعيه في الثلاجة لمدة ساعة.

i) توضع العجينة على سطح مرشوش بالقليل من الدقيق.

j) ضعي الدقيق في الشوبك ، ولفي العجين بشكل غير محكم حوله ، ثم افرديه في صينية التورتة.

k) استخدم أصابعك في لفها برفق وربت العجين برفق على قاع وجوانب صينية التورتة بالتساوي بدلاً من سحبها أو شدها.

l) سد أي تشققات في العجين إذا لزم الأمر.

m) تقليم العجينة الزائدة بسكين حاد أو بواسطة دحرجة العجين عن طريق دحرجتها على صينية التورتة.

n) باستخدام شوكة ، قم بوخز القاعدة برفق عدة مرات.
o) غطي القالب بغطاء بلاستيكي وضعيه في الفريزر لمدة 30 دقيقة حتى يتماسك.
p) يسخن الفرن إلى 400 درجة فهرنهايت.
q) ضع طبقة مزدوجة من ورق البرشمان أو ورق الألمنيوم على القشرة الحامضة المبردة.
r) املأ القشرة بأوزان الفطيرة.

خبز:

s) اخبزيها على حرارة 400 درجة فهرنهايت لمدة 15-18 دقيقة ، أو حتى تتماسك الحواف ، ولم يعد الورق / ورق القصدير يلتصق بالعجين.
t) أخرج القشرة اللاذعة من الفرن. قم بإزالة الأوزان والورق.
u) لخبز القشرة جزئيًا: بعد إزالة الأوزان ، اخبز لمدة 5 دقائق أطول.
v) لخبز القشرة بالكامل: بعد إزالة الأوزان ، اخبز لمدة 10-12 دقيقة أو حتى تصبح ذهبية اللون ومقرمشة.
w) انقله إلى رف سلكي واتركه يبرد تمامًا قبل التعبئة.

15. قشرة تارت القمح الكامل

يصنع: قشرة تارت 9 بوصة

مكونات:
- نصف كوب سمن
- 1 كوب دقيق قمح كامل
- نصف ملعقة صغيرة ملح
- 4 ملاعق كبيرة ماء مثلج أو حسب الحاجة

تعليمات:

a) سخني الفرن على 350 درجة فهرنهايت.
b) ضع السمن في وعاء من الفولاذ المقاوم للصدأ.
c) امزج باستخدام خلاط كهربائي مزود بملحق مضرب على سرعة منخفضة حتى يصبح طريًا قليلاً.
d) صب الدقيق والملح. استمر في الخلط بسرعة منخفضة للجمع.
e) يُسكب في الماء المثلج تدريجياً حتى تتكون عجينة.
f) تقسم العجينة إلى نصفين. غلفي جزء من العجين بالبلاستيك وضعيه في الثلاجة لاستخدامه لاحقًا.
g) افردي الجزء الآخر من العجين على سطح مرشوش بالقليل من الدقيق باستخدام دبوس دحرجة مرشوشة بالقليل من الدقيق.
h) اصنع قالبًا في قالب تارت 9 إنش. وخز قاعدة العجين بالشوكة بالتساوي.
i) تُخبز في الفرن المسخن مسبقًا حتى تتحول القشرة إلى اللون البني الفاتح، لمدة 10 إلى 15 دقيقة.

قطع الشوكولاتة

16. تارت ترافل مع صوص اسبريسو

يجعل: 1 حصة

مكونات:
- 1½ كوب بسكويت ويفر بالشوكولاتة
- 6 ملاعق كبيرة زبدة حلوة

حشوة:
- 12 أونصة شوكولاتة شبه حلوة
- نصف كوب كريمة ثقيلة
- 1 عصا زبدة حلوة ،
- تقطع إلى أجزاء ويخفف
- 2 ملاعق طعام كحلوا ليكيور
- رشة ملح

صلصة:
- كوب كريمة خفق
- 4 ملاعق كبيرة سكر
- نصف كوب زبدة
- 1 ملعقة صغيرة إسبرسو مطحون ناعماً
- 1 ملعقة صغيرة قهوة

تعليمات:

a) سحق أو طحن رقائق الشوكولاتة الفاخرة في محضر الطعام. تذوب الزبدة وتخلط مع الفتات. بات في تارت أو قالب فطيرة. تبرد حتى تصبح متماسكة قبل التعبئة أو اخبزيها على حرارة 300 درجة لمدة 15 دقيقة ، تبرد ، واملأها.

b) الحشوة: في قدر كبير ، اخلطي الشوكولاتة ، الكريمة ، الزبدة ، والكاحلوا وسخني المزيج على نار خفيفة إلى حد ما مع التحريك حتى يصبح ناعمًا. يُرفع عن النار ويُترك ليبرد لمدة 30 دقيقة في درجة حرارة الغرفة.

c) تصب في القشرة اللاذعة المبردة وتوضع في الثلاجة لمدة 3 ساعات على الأقل.

d) الصلصة: في قدر ، اخلطي الكريمة والسكر والزبدة. يُطهى على نار خفيفة مع التحريك باستمرار حتى يغلي المزيج. يغلي لمدة 5 دقائق مع التحريك من حين لآخر. ازالة من الحرارة. قلّب في حبات الإسبرسو.

e) للتقديم ، ضعي كمية معتدلة من الصلصة الدافئة في طبق مقوى. قمة مع إسفين من لاذع.

17. تارت الشوكولاتة الداكنة مع قشرة الزنجبيل

يصنع: 10 حصص

قشرة:
- 8 أونصات من كعكات الزنجبيل ، مكسورة بشكل خشن
- نصف كوب زبدة مملحة ذائبة

حشوة
- 12 أونصة شوكولاتة حلوة ومرّة ، مفرومة ناعماً
- 1 كوب كريمة خفق ثقيلة
- 2 صفار بيض كبير
- 1 بيضة كبيرة
- نصف كوب سكر
- 1 ملعقة كبيرة دقيق لجميع الأغراض
- ملعقة صغيرة فلفل أسود مطحون طازجًا
- قليل من الملح
- نصف ملعقة صغيرة قرفة.
- كريمة مخفوقة للتقديم

تعليمات:

للقشرة:

a) يسخن الفرن إلى 325 درجة فهرنهايت. طحن ملفات تعريف الارتباط الزنجبيل ناعما في المعالج.

b) تضاف الزبدة المذابة وتعالج حتى تتبلل.

c) اضغطي بخليط الفتات بثبات على قاع صينية تورتة قطرها 9 بوصات مع قاع قابل للإزالة وعلى الجوانب العلوية.

d) ضع المقلاة على صينية الخبز ذات الحواف.

لملء:

e) تُمزج الشوكولاتة الحلوة والمرة المقطعة ناعماً مع كريمة الخفق الثقيلة في قدر متوسطة ثقيلة.

f) اخفقي على نار خفيفة حتى تذوب الشوكولاتة وتصبح ناعمة.

g) أبعد القدر عن النار.

h) اخفقي صفار البيض والبيض والسكر والدقيق والفلفل الأسود المطحون والملح والقرفة في وعاء للمزج.

i) اخفقي خليط الشوكولاتة تدريجيًا في خليط البيض حتى يصبح المزيج ناعمًا وممزوجًا.

j) صب حشوة الشوكولاتة في القشرة.

k) تُخبز تورتة الشوكولاتة حتى تُملأ النفخات قليلاً عند الحواف ويصبح الوسط ناعمًا لمدة 30 دقيقة تقريبًا. نقل إلى الرف. تارت بارد في المقلاة لمدة 20 دقيقة.
l) قم بإزالة جوانب قالب التورتة برفق وقم بتبريد التورتة تمامًا.
m) تُقطّع التارت إلى أسافين رفيعة وتُقدّم مع الكريمة المخفوقة.

18. تارت كعكة الشوكولاتة

يصنع: 10 حصص

مكونات:

- 1 كوب دقيق
- نصف كوب سكر بني فاتح معبأ بإحكام
- 1 أونصة شوكولاتة؛ غير محلى ، مبشور
- نصف كوب سمنة؛ مقطّعة إلى قطع نصف بوصة ومبرّدة جيداً
- 2 ملعقة طعام لبن
- 1 ملعقة صغيرة فانيلا
- 3 أونصات من الشوكولاتة غير المحلاة
- 3 أونصات الشوكولاته نصف حلو
- نصف كوب سمنة؛ درجة حرارة الغرفة. ، مقطعة إلى قطع
- ½1 كوب سكر
- 3 بيض؛ ضُرب لخلط
- 2 ملاعق صغيرة فانيلا
- نصف كوب جوز مقطع
- نصف كوب طحين لجميع الاستخدامات
- 4 أونصات الشوكولاته نصف حلو؛ ذاب
- ¼ سمنة؛ درجة حرارة الغرفة.
- 2 ملاعق صغيرة زيت نباتي

تعليمات:

للحلويات:

a) يُمزج الدقيق والسكر البني والشوكولاتة المبشورة في وعاء. نقطع الزبدة حتى يشبه الخليط الوجبة الخشنة. يُمزج الحليب والفانيليا بالشوكة حتى يمتزجان تمامًا. ربت المعجنات في قاع وجوانب قالب التورتة مقاس 11 بوصة ، وادهن أطراف الأصابع بالطحين حسب الحاجة إذا أصبح المزيج لزجًا جدًا.

لملء:

b) سخني الفرن على 350 درجة. تذوب الشوكولاتة فوق غلاية مزدوجة فوق الماء الساخن. يرفع عن النار ويقلب في الزبدة قطعة واحدة في كل مرة.

c) انقل الخليط إلى وعاء. يضاف السكر ويخلط جيدا. سيكون الخليط حبيبات.

d) يُضاف البيض المخفوق ، ثلثًا تلو الآخر ، ويُمزج جيدًا بعد كل إضافة. اخلطي الفانيليا. يقلب في المكسرات المفرومة.

e) يُضاف الدقيق تدريجياً ، ويُمزج جيداً بعد كل إضافة. تصب في قشرة المعجنات.

f) اخبز حتى يتم ضبط المركز تمامًا ويخرج جهاز اختبار في المنتصف نظيفًا ، من 20 إلى 25 دقيقة.
g) دع التورتة تبرد على رف سلكي.

للتجليد:

h) امزج الشوكولاتة والزبدة والزيت في وعاء واخلطهم حتى يصبح المزيج ناعمًا.
i) بارد إلى قوام قابل للدهن ، والخفق من حين لآخر.
j) انشر كريمة التزيين فوق التارت. دعها تقف حتى تجمد الجليد.
k) يقتطع أسافين للخدمة.

19. فطائر زبدة الشوكولاتة

يصنع: 12 تارت

مكونات:
- 3 مربعات من الشوكولاتة الحلوة المر
- 12 غير خبز ميد. قذائف لاذعة
- نصف كوب سكر بني خفيف
- نصف كوب شراب الذرة
- 1 بيضة
- 2 ملعقة طعام سمنة؛ خففت
- 1 ملعقة صغيرة فانيلا
- 1 ملعقة صغيرة خل
- قرصة ملح
- 1 مربعة الشوكولاتة حلوة ومرّة ذائبة

تعليمات:
a) يقطع كل مربع من مربعات الشوكولاتة الثلاثة إلى 16 قطعة.
b) ضع 4 قطع في قاع كل قشرة لاذعة. اخفقي السكر البني مع شراب الذرة والبيض والزبدة والفانيليا والخل والملح. ملعقة في قشر لاذع ، ملء ثلاثة أرباع ممتلئة.
c) اخبزيها على حرارة 450 درجة لمدة 12-14 دقيقة ، أو حتى تنفخ الحشوة وتصبح الفقاعات ذهبية اللون. دعها تبرد على الرفوف.
d) رشي عليها الشوكولاتة المذابة.

20. ميني تارت بالشوكولاتة وجوز الهند

يصنع: 36 حصة

مكونات:
- 14 أوقية مكثفة محلاة لبن
- 2 ملعقة طعام ليكيور البندق أو الماء
- 2 ملعقة طعام ماء
- 1 علبة شوكولاتة سريعة التحضير

بودنغ ميكس
- عبوة 13 أونصة من المعكرون الناعم
- 1 كوب البقان المفروم ناعما
- 2 ملعقة طعام مسحوق الكاكاو غير المحلى
- نصف كوب كريمة خفق

كسارات جوز الهند
- جوز هند محمص اختياري
- كريمة مخفوقة (اختياري)
- نصف كوب زبدة أو سمن مذاب

تعليمات:
a) يُمزج الحليب المكثف المحلى أو المسكرات أو الماء والماء.
b) أضف مزيج البودينغ ومسحوق الكاكاو. فوز حتى تصبح ناعمة.
c) غطي المزيج واتركيه يبرد لمدة 5 دقائق.
d) اخفقي نصف كوب من كريمة الخفق حتى تصل إلى قمم ناعمة ؛ أضيفيها إلى خليط الشوكولاتة.
e) كومة في قشور جوز الهند. يبرد لمدة 2 إلى 24 ساعة.
f) تُزين بالكريمة المخفوقة الإضافية وجوز الهند المحمص إذا رغبت في ذلك.

كسارات جوز الهند:
g) اخلطي معكرون وجوز البقان والزبدة.
h) ضعي ملعقة كبيرة من الخليط في القاع والجوانب العلوية لـ 36 كوب مافن مدهون جيداً بسمك 1¾ ".
i) تُخبز في فرن بدرجة 375 درجة لمدة 8-10 دقائق أو حتى تتحول الحواف إلى اللون البني. تبرد على الرف.
j) إرخاء يرفع من الكؤوس.

21. تارت الشوكولاتة بالبندق

يصنع: 8 حصص

مكونات:
- 3 ملاعق كبيرة مسحوق الكاكاو
- نصف كوب سكر
- 4 ملاعق كبيرة سمنة
- 1 بيضة
- 4 أونصات شوكولاتة حلوة ومر أو نصف حلوة
- نصف ملعقة صغيرة من صودا الخبز
- 4 ملاعق كبيرة سمنة
- 1 كوب حساء الذرة الداكن
- نصف كوب سكر
- 3 بيضات
- 2 ملعقة طعام نبيذ داكن

عجينة الشوكولاتة
- 1 كوب غير مبيض لجميع الأغراض
- رشة ملح

حشوة
- 2 كوب بندق كامل

تعليمات:
a) نخل المكونات الجافة معا ثلاث مرات.
b) افركي الزبدة ورطبيها بالبيض.
c) شكليها على هيئة قرص ولفيها وضعيها في الثلاجة. طبخ حشوة الشوكولاتة بالبندق.
d) ضعي البندق على صينية للخبز وتحميصه على حرارة 350 درجة فهرنهايت حتى تنفك القشرة وتنزع بسهولة لمدة 10 دقائق. افركي البندق في منشفة لإزالة القشرة.
e) يقطع البندق بشكل خشن أو باليد أو باستخدام محضر الطعام. تُمزج الشوكولاتة مع الزبدة في وعاء. أحضر قدرًا صغيرًا من الماء على نار هادئة وأطفئ النار.
f) ضع وعاء الشوكولاتة والزبدة فوق الماء الساخن وحركه حتى يذوب. يُمزج شراب الذرة والسكر في مقلاة. يُغلى المزيج على نار متوسطة.
g) يرفع عن النار ويقلب مع خليط الشوكولاتة. يخفق البيض والملح مع الروم الاختياري. اخفقي خليط الشوكولاتة مع الحرص على عدم الإفراط في الخفق. تجميع.

h) طحين قليلا سطح العمل والعجين. لـف العجين إلى قـرص قطـره 14 بوصـة، بسمك 1 بوصة.

i) ضعي العجينة في صينية تورتة بقياس 10 بوصات، وتقليص الفائض.

j) قلّب البندق المقطع في الحشوة واسكب الحشوة في المقلاة. الخبز. تُخبز في 350 درجة فهرنهايت حتى تنضج الحشوة وتُخبز القشرة خلال حوالي 40 دقيقة. تحتجز. احفظ التارت في درجة حرارة الغرفة لمدة تصل إلى يومين.

22. تارت الشوكولاتة ماسكاربوني الجوز

يجعل: 1 حصة

مكونات:
- 1 كوب طحين لجميع الاستخدامات
- نصف كوب سكر حبيبات
- نصف ملعقة صغيرة ملح
- 1 كوب مسحوق الكاكاو القلوي غير المحلى
- 6 أونصات زبدة مبردة غير مملحة مقطعة إلى قطع إنش
- 4 قطع كبيرة صفار البيض
- 6 أونصات شوكولاته حلوة مرة؛ مفرومة فرما ناعما
- 1 كوب الكريمة الحامضة
- 1 كوب كريمة ثقيله
- نصف كوب سكر محبب مقسم
- 2 حبة كبيرة بيض
- 4 قطع كبيرة صفار البيض
- 2 ملاعق صغيرة نشا الذرة
- 8 أونصات جبنة مسكربون
- نصف كوب كريمة ثقيله
- 4 أونصات هريس الكستناء
- نصف كوب حلواني سكريات
- 1 ملعقة صغيرة خلاصة الفانيليا

تعليمات:

a) في محضر طعام مزود بشفرة تقطيع معدنية، اخلطي الدقيق والسكر والملح ومسحوق الكاكاو. قم بنبض الماكينة من ثماني إلى تسع مرات للمزج. نثر الزبدة فوق خليط الدقيق ونخفق الجهاز حتى تقطع الزبدة في الدقيق ويشبه الخليط وجبة خشن.

b) أضف الصفار واستمر في المعالجة في نبضات التشغيل / الإيقاف فقط حتى يتم دمج الخليط بالتساوي وتبدأ الجسيمات في التماسك معًا. اكشطي العجينة على سطح عمل وشكليها على شكل كرة. قم بتسويتها في قرص ولفها في غلاف بلاستيكي. برد لمدة 1 ساعة.

c) ضع رفًا في وسط الفرن وقم بتسخينه مسبقًا حتى 350 درجة فهرنهايت.

d) أخرج القرص المبرد من الثلاجة. ضعي العجينة بين قطعتين من الغلاف البلاستيكي ولفي العجين في شكل دائري صغير. ارفع العجينة وقم بتدويرها ربع لفة

بعد كل لفة. استمر في التدحرج حتى يبلغ قطر. الدائرة حوالي 14 بوصة ويبلغ سمكها حوالي نصف بوصة. قم بإزالة الطبقة العلوية من الغلاف البلاستيكي.

e) لف العجين بحذر حول الشوبك وانقله إلى صينية تورتة مخدد مقاس 12 بوصة بقاعدة قابلة للإزالة. افرد العجين في المقلاة. ارفعي حواف العجينة واضغطي العجين برفق على قاع وجوانب المقلاة. تقليم أي عجينة زائدة. ضعي العجينة في الثلاجة لمدة 20 إلى 30 دقيقة ، حتى تتماسك.

f) تُخبز القشرة اللاذعة لمدة 20 إلى 30 دقيقة أو حتى تنضج. ضعها على رف سلكي واتركها تبرد تمامًا.

كريم الشوكولاته:

g) ضعي الشوكولاتة المفرومة في وعاء واتركيها جانبًا.

h) في قدر متوسطة الحجم غير قابلة للتآكل ، احضر الكريمة الحامضة والكريمة الثقيلة ونصف كوب من السكر ليغلي على نار متوسطة عالية.

i) في وعاء باستخدام الخلاط الكهربائي ، اخفق البيض وصفار البيض ونشا الذرة والربع المتبقي من السكر على سرعة متوسطة حتى يصبح شاحبًا. اخفقي ثلث مزيج الكريمة الساخنة في خليط البيض وأعيدي المزيج كله إلى المقلاة.

j) يُطهى على نار متوسطة عالية مع التحريك باستمرار بمضرب كهربائي لمدة 3 إلى 5 دقائق أو حتى يصبح سميكًا. يُسكب المزيج السميك فوق الشوكولاتة المحفوظة ويُخفق حتى يتجانس.

k) اكشطي الخليط في القشرة المحضرة وصقل السطح بملعقة مطاطية. برد في الثلاجة لمدة ساعتين.

ماسكاربون توبينج:

l) في وعاء بسعة 4 لتر من خلاط كهربائي للخدمة الشاقة ، باستخدام ملحق السوط السلكي ، اخلطي الماسكاربوني والقشدة الثقيلة وهريس الكستناء وسكر الحلويات والفانيليا.

m) فاز على سرعة متوسطة عالية حتى تتشكل قمم ناعمة. ضع الخليط في كيس معجنات مزود برأس نجم متوسط وأنبوب في شكل قشرة يغطي الجزء العلوي من التارت المبرد.

n) برد التارت لمدة ساعة قبل التقديم.

23. فطائر الشوكولاتة المصغرة

يصنع: 50 حصة

مكونات:
- 2¼ كوب طحين لجميع الاستخدامات
- نصف كوب سمن
- نصف كوب حلواني سكريات
- نصف كوب رقائق شوكولاتة نصف حلوة
- 2 ملعقة طعام سمن
- نصف كوب سكر
- نصف كوب شراب الذرة
- 2 بيض
- نصف كوب جوز أمريكي مفروم
- 1 كوب جوز الهند المجفف

تعليمات:
a) اخلطي الدقيق مع نصف كوب من السمن النباتي والسكر البودرة. اضغط حوالي 1 ملعقة صغيرة من المعجنات بالتساوي على قيعان وجوانب أكواب المافن الصغيرة غير المدهونة.

b) تذوب رقائق الشوكولاتة و 2 ملاعق كبيرة من السمن في غلاية مزدوجة فوق الماء المغلي حتى تذوب الرقائق والسمن. ازالة من الحرارة.

c) امزج السكر والشراب. يخفق في البيض.

d) تُسكب ملعقة أو ملعقتان صغيرتان من مزيج الشوكولاتة في كل قشرة لاذعة ، وتُملأ حتى نصف ممتلئة فقط.

e) يرش مع جوز البقان وجوز الهند.

f) تُخبز في فرن محمّى على حرارة 350 درجة لمدة 20 إلى 25 دقيقة.

g) تبرد لبضع دقائق.

h) أخرجه بعناية من أكواب المافن بطرف السكين. تبرد تماما. يُغطى بالكريمة المخفوقة المحلاة إذا رغبت في ذلك.

24. تارت شوكولاتة الكمأة مع توت العليق

يجعل: 6 حصص

مكونات:

- 1 كوب طحين لجميع الأغراض
- نصف كوب سكر حبيبات
- نصف كوب مسحوق الكاكاو
- 3 أونصات سمنة؛ مبرد
- 1 بيضة
- 6 أونصات الشوكولاته نصف حلو؛ مقطع
- 2 كوب كريمة خفق
- 3-4 أكواب توت

تعليمات:

فطيرة الشوكولاتة:

a) يُمزج الدقيق والسكر والكاكاو. في وعاء محضر الطعام.
b) نبض 2 أو 3 مرات للتهوية. نقطع الزبدة إلى قطع ووزعيها على الدقيق.
c) أثناء تشغيل المحرك ، قم بإسقاط البيضة بأكملها من خلال أنبوب التغذية.
d) قم بالعملية لفترة وجيزة جدًا - لا تدع العجين يتجمع وإلا ستكون المعجنات قاسية.
e) تُرفع العجينة عن وعاء العمل وتُترك جانباً في درجة حرارة الغرفة حتى تكتمل الحشوة.

ملء الحشو:

f) ضعي الشوكولاتة المفرومة في وعاء متوسط الحجم واتركي الكريمة تغلي على نار متوسطة عالية.
g) يُسكب فوق الشوكولاتة ويُخفق حتى تذوب الشوكولاتة بالكامل. غطيها بغلاف بلاستيكي وضعيها في الثلاجة حتى تنضج.
h) سخني الفرن إلى 375 درجة فهرنهايت. اعمل معجنات الشوكولاتة بيديك واضغط عليها في صينية تورتة ذات قاع قابل للإزالة. ؛ حاول الحصول على سمك متساوٍ. يبرد لمدة 20 دقيقة. وخز قاع المعجنات بشوكة.
i) تُخبز في فرن مُسخن مسبقًا لمدة 20 إلى 25 دقيقة. تبرد تماما. ل

حَشد:

j) تُرفع التورتة من الصينية برفق وتوضع على طبق. تُسكب حشوة الكمأة بالملعقة في القشرة وتنعيم السطح. رتبي حبات التوت فوق الجزء العلوي في دوائر متحدة المركز.

25. تارت التوت البري والشوكولاتة البيضاء

يجعل: 1 حصة

مكونات:

- 2½ كوب التوت البري؛ طازجة أو مجمدة ومذوبة
- نصف كوب عصير برتقال طازج
- نصف كوب سكر
- 1 كوب لوز مطحون مقشر
- 1⅔ كوب غير مقصور دقيق لجميع الأغراض
- نصف كوب سكر
- نصف ملعقة صغيرة مسحوق الخبز
- 1 ملعقة صغيرة القرفة المطحونة
- نصف ملعقة صغيرة صولجان الأرض
- ½ جنيه زبدة باردة غير مملحة مقطعة إلى 16 قطعة
- 1 حبة كبيرة بيضة
- 1 حبة كبيرة صفار البيض
- 1 ملعقة صغيرة خلاصة الفانيليا
- 6 أونصات شوكولاته بيضاء؛ مقطع
- سكر ناعم؛ للغبار

تعليمات:

a) اطهي التوت البري وعصير البرتقال والسكر في قدر متوسطة الحجم على نار متوسطة حتى يغلي المزيج.

b) اخفض الحرارة إلى متوسطة منخفضة واتركها على نار هادئة مع التحريك من حين لآخر حتى يصبح السائل كثيفًا وشرابًا ، لمدة 10 دقائق تقريبًا. سيكون لمزيج التوت البري قوام يشبه المربى. توضع جانباً لتبرد جيداً ، حوالي 30 دقيقة. سوف يتكاثف الخليط حتى يتحول إلى مربى متماسك عندما يبرد.

c) ضع رف الفرن في منتصف الفرن وقم بتسخين الفرن مسبقًا إلى 350 درجة. زبدة صينية قياس 9 إنش.

d) في وعاء الخلاط الكهربائي ، نمزج اللوز والدقيق والسكر والبيكنج بودر والقرفة والصولجان. امزج على سرعة منخفضة فقط لمزج المكونات ، حوالي 10 ثوانٍ. أضيفي الزبدة واخلطي حتى تصبح معظم قطع الزبدة بحجم حبة البازلاء ، حوالي 1 دقيقة. سيبدو الخليط متفتتًا وسيختلف حجم الفتات.

e) مع تشغيل الخلاط ، أضيفي البيض وصفار البيض والفانيليا. اخلط حتى يتماسك الخليط معًا ثم يبتعد عن جوانب الوعاء لمدة 30 ثانية تقريبًا. احتفظي بكوب واحد من الخليط لتغطيته بالشعر وقم بتبريده أثناء تحضير القشرة.

f) اضغطي بالعجين المتبقي بالتساوي على قاع الصينية و 1¼% بوصة. لأعلى. جوانب المقلاة المحضرة. رشي الشوكولاتة البيضاء بالتساوي على القشرة. استخدم ملعقة معدنية رفيعة لنشر خليط التوت البري المبرد بالتساوي على الشوكولاتة البيضاء.

g) أخرج العجين المحفوظ من الثلاجة. باستخدام حوالي 2 ملاعق كبيرة من العجين لأطول حبال وأقل للحبال القصيرة، قم بلف قطع العجين ذهابًا وإيابًا لتشكيل حبال من العجين يبلغ قطرها حوالي بوصة. إذا انكسرت الحبال، اقرصهما معًا مرة أخرى.

h) ضع حبلًا طوله 9 بوصات عبر منتصف التورتة. بعد المسافة بين الحبال بحوالي 2 بوصة، ضع حبلًا طوله حوالي 8 بوصات على جانبي الحبل المركزي. ضع حبلًا طوله حوالي 4 بوصات بالقرب من كل طرف من طرفي التورتة. سيكون لديك 5 حبال من العجين عبر الجزء العلوي من التارت.

i) اقلب قالب التورتة نصف لفة وضع 5 حبال أخرى بالتساوي على الجزء العلوي من التورتة للحصول على نمط شبكي. اخبزي التارت حتى يصبح السطح بنياً ذهبياً، حوالي ساعة واحدة. برّد التورتة جيدًا في المقلاة. يرش السكر البودرة قبل التقديم.

20. تارت كريم شوكولاتة دبل

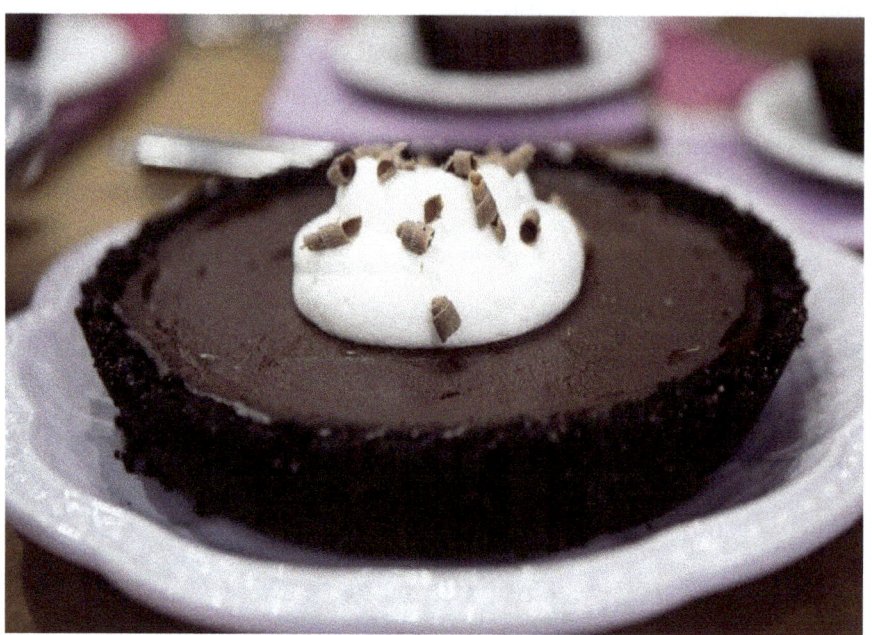

يجعل: 12 حصة

مكونات:

- 1 كوب طحين لجميع الاستخدامات؛ مقسم
- نصف كوب ماء مثلج
- 1 ملعقة طعام فانيلا؛ مقسم
- نصف كوب الكاكاو غير المحلى؛ مقسم
- 2 ملعقة طعام سكر
- نصف ملعقة صغيرة ملح
- نصف كوب تقصير الخضار
- رذاذ الطبخ
- يمكن 14 أوقية من الحليب المكثف المحلى خالي الدسم
- 6 أونصات ⅓ جبن كريمي قليل الدسم ؛ خففت
- 1 حبة كبيرة بيضة
- 1 حبة كبيرة بياض البيضة
- ½1 كوب مخفوقة مجمدة منخفضة السعرات الحرارية ؛ إذابة
- 1 أونصة الشوكولاته نصف حلو؛ مفرومة فرما ناعما

تعليمات:

a) يسخن الفرن إلى 350 درجة. يُمزج نصف كوب من الدقيق والماء المثلج وملعقة صغيرة من الفانيليا مع التحريك بمضرب كهربائي حتى يمتزج جيدًا ؛ اجلس جانبا.
b) يُمزج نصف كوب دقيق ونصف كوب كاكاو وسكر وملح في وعاء ؛ يُقطع السمن بخلاط معجنات أو بسكاكين حتى يشبه المزيج وجبة خشن.
c) أضف خليط الماء المثلج. إرم بالشوكة حتى تصبح رطبة ومتفتتة.
d) اضغطي برفق على الخليط في دائرة 4 بوصات على غلاف بلاستيكي شديد التحمل ؛ غطاء بغطاء بلاستيكي إضافي.
e) لف العجين ، لا يزال مغطاة ، في دائرة 13 بوصة.
f) ضع العجينة في الفريزر لمدة 30 دقيقة أو حتى يمكن إزالة الغلاف البلاستيكي بسهولة.
g) قم بإزالة الورقة العلوية من الغلاف البلاستيكي ؛ تناسب العجينة ، مكشوفة الجانب لأسفل ، في وعاء لاذع دائري قابل للإزالة مقاس 10 بوصات ومغطى برذاذ الطهي.
h) قم بإزالة الورقة المتبقية من الغلاف البلاستيكي. أضعاف الحواف.
i) اثقب قاع وجوانب العجين بالشوكة. اخبزيها على حرارة 350 درجة لمدة 4 دقائق.

j) تبرد على رف السلك. ضع صينية التورتة على صينية الخبز. اجلس جانبا.

k) اخفقي نصف كوب من الكاكاو والحليب على سرعة متوسطة في الخلاط حتى تمتزج.

l) أضف الجبن وفاز أيضا أضف ملعقتين صغيرتين من الفانيليا والبيض وبياض البيض ؛ فاز فقط حتى تصبح ناعمة.

m) صب الخليط في القشرة. تُخبز على 350 درجة لمدة 25 دقيقة أو حتى تنضج.

n) ينتشر الجلد فوق التورتة ؛ يرش الشوكولاتة المفرومة.

27. تارت شوكولاتة فادجي

يجعل: 12 حصة

مكونات:
- 8 أونصات من الشوكولاتة الحلوة والمرة ؛ مقسمة إلى قطع
- نصف كوب مارجرين أو زبدة
- 2 حبة كبيرة بيض؛ في درجة حرارة الغرفة
- 1 ملعقة صغيرة خلاصة الفانيليا
- نصف كوب سكر حبيبات
- نصف كوب طحين لجميع الاستخدامات
- نصف ملعقة صغيرة ملح
- 4 أونصات جبنة مسكربون؛ في درجة حرارة الغرفة

تعليمات:

a) غنية بشكل مبهج ، هذه الحلوى الاحتفالية ذات ملمس شبيه بالبراوني مع جبن الماسكاربوني الحلو والكريمي.

b) سخني الفرن على 350 درجة. دهن صينية تورتة مقاس 9 بوصات بقاعدة قابلة للإزالة ؛ اجلس جانبا.

c) في قدر صغير ثقيل ، تذوب الشوكولاتة والسمن على نار خفيفة مع التحريك بشكل متكرر. ازالة من الحرارة.

d) في وعاء ، اخفقي البيض والفانيليا بالخلاط الكهربائي بسرعة متوسطة لمدة 30 ثانية. فاز تدريجيا في السكر. فاز لمدة 1 دقيقة. اخفقي خليط الشوكولاتة مع كشط جوانب الوعاء مرة واحدة. يخفق الدقيق والملح على سرعة منخفضة حتى يمتزجوا. افرد الخليط بالتساوي في المقلاة المعدة.

e) ضعي الجبن في وعاء وقلبي جيداً بالشوكة. تُسقط بملعقة صغيرة بشكل عشوائي على سطح خليط الشوكولاتة. باستخدام سكين حاد ، حرك خليط الجبن في خليط الشوكولاتة لخلق تأثير رخامي.

f) اخبزيها حتى يتماسك المركز ، من 20 إلى 25 دقيقة. يُرفع المقلاة إلى الرف السلكي ويبرد تمامًا. غطاء لاذع بغطاء بلاستيكي ؛ ضعه في كيس تجميد بلاستيكي كبير واتركه في الفريزر لمدة تصل إلى 6 أسابيع قبل التقديم.

g) قم بإذابة التورتة تمامًا في درجة حرارة الغرفة. تُرفع من قالب التورتة.

h) تُقطّع إلى أسافين وتُقدّم.

28. تارت فواكه طازجة وشوكولاتة

يصنع: 8 حصص

مكونات:
- 1¼ كوب دقيق
- 4 أونصات اصابع الزبدة؛ خففت
- 3 ملاعق كبيرة سكر
- 1 ملعقة صغيرة خلاصة الفانيليا
- نصف كوب جوز البقان أو الجوز المفروم ناعماً
- 1 كوب رقائق شوكولاتة بالحليب
- نصف كوب الكريمة الحامضة
- الفاكهة الطازجة في الموسم
- 3 ملاعق كبيرة مشمش أو بدون بذور
- مربى التوت

تعليمات:
a) يسخن الفرن إلى 400 درجة فهرنهايت.

قشرة

في وعاء ، يُمزج الدقيق والزبدة والسكر ونصف ملعقة صغيرة فانيليا وجوز البقان. امزج بشوكة حتى يشبه الخليط فتات ناعم. اعجن حتى تتماسك العجينة.

b) اضغطي العجين بقوة وبشكل متساوٍ على قاع وجوانب صينية معدنية مخددة مقاس 9 بوصات ذات قاع قابل للإزالة.

c) اخبزيها لمدة 14 إلى 16 دقيقة أو حتى تصبح ذهبية اللون. لتهدأ.

حشوة

d) في كوب قياس من كوبين ، سخني رقائق الشوكولاتة في الميكروويف على درجة حرارة عالية لمدة دقيقة تقريبًا ، أو حتى تذوب تمامًا وتصبح ناعمة عند التقليب. أضيفي الكريمة الحامضة والباقي ملعقة صغيرة فانيليا.

e) وزعي الحشوة بالتساوي على القشرة المبردة. برد لمدة 2 إلى 3 ساعات ، أو بين عشية وضحاها.

f) قبل التقديم بساعة تقريبًا ، قطّعي الخوخ أو النكتارين أو الكيوي أو الشمام إلى شرائح أو أهلة ؛ استنزاف الفاكهة على المناشف الورقية إذا كانت شديدة العصير. رتب في دوائر متحدة المركز أو أي تصميمات أخرى فوق حشوة الشوكولاتة.

g) املأ العنب والتوت حتى يتم تغطية الجزء العلوي بالكامل بالفاكهة. يُسخن المربى في الميكروويف أو على نار خفيفة حتى تذوب. ادهن المربى على الفاكهة. برد حتى وقت التقديم.

h) قبل التقديم مباشرة ، أخرج جانب المقلاة وضع التورتة في طبق التقديم.

29. تارت شوكولاتة حار

يجعل: 1 حصة

مكونات:
- 1 كوب غير مقصور دقيق لجميع الأغراض
- 2 ملعقة طعام مسحوق الكاكاو
- نصف كوب سكر
- 1 قرصة ملح
- نصف ملعقة صغيرة مسحوق الخبز
- 4 ملاعق كبيرة زبدة غير مملحة
- 1 حبة كبيرة بيضة
- نصف كوب ماء
- نصف كوب سكر
- ½ عصا الزبدة غير المملحة
- 6 أونصات من الشوكولاتة شبه الحلوة
- 3 قطع كبيرة بيض
- 1 ملعقة صغيرة القرفة المطحونة
- نصف ملعقة صغيرة قرنفل أرضية

تعليمات:

a) لتحضير العجينة: ضعي الدقيق في وعاء وانخلي فوقه مسحوق الكاكاو. أضيفي السكر والملح والبيكنج باودر. افركي الزبدة جيدًا ، واتركي المزيج باردًا وبودرة. يخفق البيض ويقلب مع العجين. اضغطي العجينة معًا ولفيها وبرديها.

b) سخني الفرن على 350 درجة وضعي الرف في الثلث السفلي من الفرن. على سطح مرشوش بالدقيق ، لف العجين وصفي صينية تارت 10 بوصة بالزبدة. اجلس جانبا.

c) في قدر ، على نار متوسطة ، يُغلى السكر والماء. أضف الزبدة واستمر في التسخين لإذابة الزبدة. خفقت بعيدا عن الحرارة في قطع الشوكولاتة ناعما. اخفقي البيض مع البهارات ثم اخفقي في خليط الشوكولاتة. تصب في قشرة لاذعة.

d) اخبزيها لمدة 30 دقيقة ، حتى تتماسك وتتماسك. تبرد على الرف.

e) انزع التورتة من القالب وقدمها مع الكريمة المخفوقة المحلاة.

30. تارت موس الفراولة بالشوكولاتة البيضاء

يصنع: 8 حصص

مكونات:
معجنات:
- 1¾ كوب طحين غير مبيض
- نصف كوب بني فاتح معبأ بإحكام سكر
- 2½ ملاعق صغيرة قشر البرتقال، مبشور
- نصف ملعقة صغيرة ملح
- 1¾ أصابع زبدة غير مملحة
- 1½ ملعقة كبيرة عصير برتقال طازج
- 1 صفار البيض
- 1 ملعقة صغيرة خلاصة الفانيليا
- 2 أونصة من الشوكولاتة البيضاء

الفأر:
- 6 أونصات من الشوكولاتة البيضاء
- نصف كوب كريمة ثقيله
- 1 حبة كبيرة بياض البيضة
- 1 ملعقة طعام سكر
- نصف كوب كريمة خفق مخفوقة
- 2 ملعقة طعام جراند مارنييه
- 1 حبة كبيرة فراولة مع سيقان
- 25 حبة كبيرة فراولة مقشر
- نصف كوب مربى الفراولة.

تعليمات:

a) لتحضير المعجنات: اخلطي **المكونات الأربعة الأولى** في وعاء. أضيفي الزبدة وقطعيها في الخليط حتى تشبه الوجبة الدقيقة. يُمزج عصير البرتقال مع صفار البيض والفانيليا. أضف ما يكفي من خليط العصير لتجفيف المكونات لتشكيل كرة تتماسك معًا.

b) اجمع العجينة على شكل كرة وافردها. إلى حوالي 12 بوصة.

c) ضع الرف في وسط الفرن وقم بالتسخين المسبق حتى 375 درجة.

d) افردي العجينة بين صفائح من غلاف بلاستيكي حتى سمك بوصة. تقليم دائرة 11 بوصة.

e) قم بإزالة الغلاف البلاستيكي من الأعلى واقلبه في مقلاة دائرية الشكل زنبركية مقاس 10 بوصات مع قاع قابل للإزالة. قم بإزالة الغلاف البلاستيكي واضغط على جانبي المقلاة السفلي والأعلى ... قم بتجعيد الحواف العلوية.

f) جمد لمدة 15 دقيقة. تُبطن القشرة اللاذعة بورق الألمنيوم وتُضاف أوزان الفطيرة أو الفول.

g) اخبزيها حتى تتماسك الجوانب - حوالي 10 دقائق.

h) قم بإزالة الرقائق والأوزان. اخبز القشرة حتى يصبح لونها بنيا ذهبيا - حوالي 16-20 دقيقة.

i) رش 2 أونصة من الشوكولاتة البيضاء فوق القشرة الساخنة. دعه يقف لمدة دقيقة واحدة.

j) باستخدام ظهر الملعقة ، وزعي الشوكولاتة على القاع والجوانب.

k) انقله إلى الرف للتبريد.

3. حلوى كونونجنز تارت بالشوكولاتة السويدية

يجعل: 6 حصص

مكونات:

- 2½ كوب أفضل دقيق لجميع الأغراض من Pillsbury
- نصف كوب سكر
- نصف كوب كاكاو.
- نصف ملعقة صغيرة مسحوق الخبز مزدوج المفعول
- نصف ملعقة صغيرة ملح
- نصف كوب سمنة
- 1 بيضة؛ مهترئ قليلا
- 1 ملعقة طعام حشوة الحليب
- 1 بيضة
- نصف كوب سكر
- نصف كوب أفضل دقيق لجميع الأغراض من Pillsbury
- 1 كوب لبن
- 1 ملعقة صغيرة الفانيليا الفرنسية
- نصف كوب كريمة خفق - لتعبئة الشوكولاتة -
- 3 ملاعق كبيرة كاكاو.
- 3 ملاعق كبيرة مثلجات السكر والشوكولاتة -
- 2 ملعقة طعام سمنة؛ ذاب
- 2 ملعقة طعام كاكاو.
- نصف كوب حلواني سكريات
- 1 صفار البيض
- نصف ملعقة صغيرة الفانيليا الفرنسية

تعليمات:

a) اخبز في 375 درجة لمدة 12 إلى 15 دقيقة.
b) نخلط الدقيق والسكر والكاكاو والبيكنج بودر والملح معًا.
c) نقطع الزبدة حتى تصبح الجزيئات بحجم حبة البازلاء الصغيرة.
d) أضف 1 بيضة مخفوقة قليلاً و 1 ملعقة كبيرة حليب ؛ امزج مع شوكة أو خلاط معجنات.
e) توضع على صينية خبز كبيرة غير مدهونة.
f) افردها على صفيحة خبز مع درفلة مطحون إلى مستطيل مقاس 15 × 11 بوصة.
g) تقليم الحواف بسكين أو عجلة المعجنات. قطع إلى ثلاثة مستطيلات 11 ×ـ 5 بوصة.

h) تُخبز في فرن متوسط الحرارة ، 375 درجة ، لمدة 12 إلى 15 دقيقة.
i) تبرد على ورقة الخبز. فك بعناية باستخدام ملعقة.
j) تكديس الطبقات فوق الورق المقوى المغطى بورق الألمنيوم ، مع نشر الحشو بين الطبقات في حدود بوصة من الحافة.
k) قمة الصقيع. إذا رغبت في ذلك ، تزين باللوز المحمص. تبرد حتى تتماسك كريمة التزيين.
l) التفاف فضفاضة في رقائق الألومنيوم. البرد بين عشية وضحاها.

حشوة:

m) يخفق بيضة واحدة حتى تصبح خفيفة ورقيقة.
n) يضاف السكر تدريجيًا مع الخفق باستمرار حتى يصبح كثيفًا وخفيفًا. امزج الدقيق.
o) قم بإضافة الحليب تدريجياً الذي تم حرقه فوق غلاية مزدوجة.
p) يُعاد الخليط إلى غلاية مزدوجة. يُطهى فوق الماء المغلي مع التحريك باستمرار حتى يصبح كثيفًا وناعمًا. أضف الفانيليا رائع.
q) يُخفق نصف كوب من كريمة الخفق حتى يصبح كثيفًا ويُطوى في الحشوة.
r) يُمزج نصف كوب من كريمة الخفق مع الكاكاو والسكر. اضرب حتى تصبح سميكة.

شوكولاتة مثلجة:

s) يُمزج الزبدة المذابة والكاكاو وسكر الحلويات وصفار البيض والفانيليا. فوز حتى تصبح ناعمة.

32. تارت الشوكولاتة البيضاء والموز

يصنع: 8 حصص

مكونات:
- كوب زبدة غير مملحة ، درجة حرارة الغرفة
- 6 ملاعق كبيرة سكر
- 1 حبة كبيرة بيضة
- 1 كوب بالإضافة إلى 6 أطنان طحين لجميع الأغراض
- 3 قطع كبيرة صفار البيض
- 2 ملعقة طعام سكر
- 2 ملعقة طعام نشا الذرة
- 1 كوب لبن
- ½ حبة الفانيليا تقسم بالطول
- 3 أونصات شوكولاتة بيضاء مستوردة مقطعة ناعما
- 1 ملعقة طعام زبدة غير مملحة
- نصف كوب كريمة خفق مبردة
- 3 موز مقشر
- 1½ ملعقة كبيرة شراب الموز
- 1 ملعقة طعام عصير ليمون طازج
- 4 أونصات شوكولاتة بيضاء مستوردة و محفورة بمقشرة خضروات

تعليمات:

معجنات:

a) باستخدام الخلاط الكهربائي ، اخفقي الزبدة والسكر في وعاء حتى يتجانسوا تمامًا.
b) أضف البيض يخفق حتى يمتزج. يضاف الدقيق ويخفق لمدة دقيقتين.
c) اجمع العجين على شكل كرة وافرده إلى قرص.
d) يلف في بلاستيك ويوضع في الثلاجة لمدة 3 ساعات.
e) يسخن الفرن إلى 375 درجة فهرنهايت. افردي العجينة على سطح مرشوش بالدقيق حتى قطر 12 بوصة.
f) انقله إلى قالب تورتة قطره 9 بوصات مع قاع قابل للإزالة.
g) تقليم القشرة ، وترك ¼ بوصة متدلية. احتفظ بقصاصات المعجنات.
h) اطوِ الحواف لتشكيل جوانب سميكة مزدوجة. جمد لمدة 15 دقيقة. تبطن المعجنات بورق احباط.
i) املأ بالفاصوليا المجففة أو بأوزان الفطيرة. اخبزيها لمدة 15 دقيقة. أزل رقائق القصدير والفاصوليا.

j) أصلح أي تشققات بقصاصات المعجنات المحفوظة. اخبزيها حتى تصبح ذهبية اللون ، حوالي 20 دقيقة.
k) تبرد تماما.

حشوة:

l) اخفقي صفار البيض والسكر ونشا الذرة في وعاء حتى تمتزج المكونات.
m) صب الحليب في مقلاة ثقيلة. كشط البذور من حبوب الفانيليا. أضف الفول.
n) يُغلى المزيج.
o) اخفقي خليط الحليب مع خليط البيض.
p) يُعاد المزيج إلى نفس القدر ويُغلى المزيج مع الخفق باستمرار. يصفى في وعاء.
q) أضف 3 أونصات من الشوكولاتة البيضاء المفرومة والزبدة ؛ يقلب حتى يذوب. يغطى ويبرد لمدة 3 ساعات على الأقل.
r) تُخفق الكريما في وعاء حتى تصبح قاسية. أضيفي كريمة المعجنات بالشوكولاتة البيضاء. قطع الموز إلى شرائح سميكة بوصة.
s) نقل إلى وعاء يضاف المسكر وعصير الليمون ويقلب. ضع الموز في كريمة المعجنات. حشوة الملعقة في القشرة اللاذعة ، متماسكة في المنتصف.
t) ضعي فوقها رقائق الشوكولاتة. يبرد لمدة ساعة على الأقل وحتى 6 ساعات.

33. تورتة الشوكولاتة الداكنة الشريرة

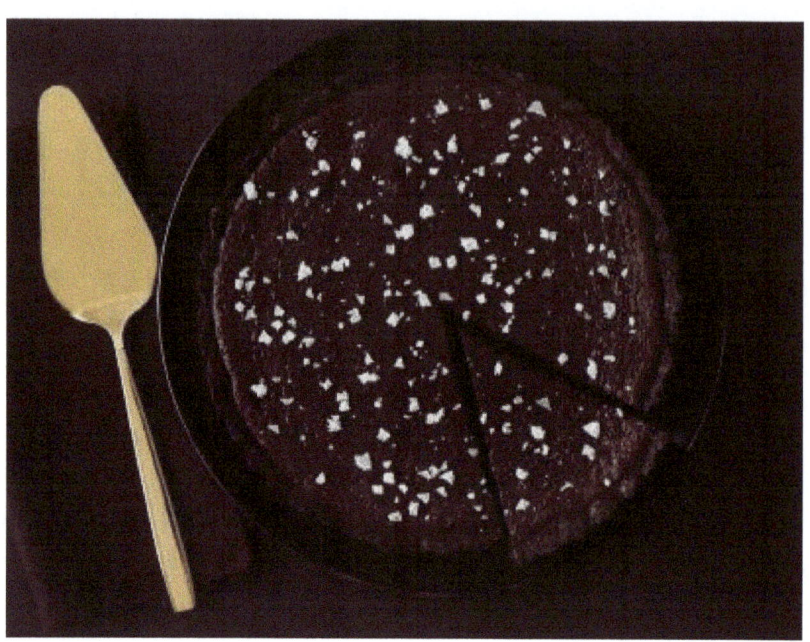

يجعل: 1 حصة

مكونات:

- 250 جرام زبدة غير مملحة
- 125 جرام من سكر الفانيليا
- 250 جرام من الدقيق العادي
- 125 جرام سميد
- 180 جرام من الشوكولاتة المرة الداكنة
- 5 ملاعق كبيرة كونياك
- 4 بيض
- 3 ملاعق كبيرة دقيق الذرة
- 400 جرام من السكر الناعم
- 600 مل كريم وحيد
- 1 بذور الفانيلا
- 125 جرام زبدة غير مملحة

تعليمات:

a) سخن الفرن إلى 180 درجة مئوية / غاز 4. حضّر كعكة البسكويت. تُخفق الزبدة وسكر الفانيليا في وعاء حتى يصبح خفيفًا ورقيقًا.

b) اخلطي الدقيق والسميد. أضيفيها تدريجياً إلى الزبدة حتى تتشكل عجينة متفتتة. اعجن العجينة بحذر ورفق حتى تلتصق ببعضها البعض ويكون السطح أملس. قم بلفها برفق لتصنع 6 علب تارت سائبة القاع مقاس 4 بوصات. قواعد الوخز. برد جيدا لمدة ساعة. تبطينها بورق القصدير والخَبز.

c) اخبزي علب المعجنات لمدة 20 دقيقة أو نحو ذلك في فرن مسخن مسبقًا حتى تنضج تمامًا. أزل الفول والرقائق واستمر في التجفيف في الفرن إذا لزم الأمر. تحضير حشوة الشوكولاتة. قسّم الشوكولاتة إلى مربعات. ضعها في وعاء فوق قدر من الماء أو غلاية مزدوجة. أضف الكونياك إلى الشوكولاتة.

d) سخنيها برفق حتى تذوب الشوكولاتة. يخفق البيض في وعاء. يُمزج دقيق الذرة مع السكر ويُضاف القليل من الكريمة إذا لزم الأمر.

e) سخني الكريمة المتبقية في قدر مع حبات الفانيليا حتى الغليان تقريبا.

f) قلب الكريمة الساخنة مع خليط البيض.

g) اشطف وعاء الكريمة بالماء البارد. يُعاد المزيج للدفع ويضاف الشوكولاتة المذابة. يُطهى المزيج برفق مع التحريك باستمرار حتى يتكاثف الخليط وينضج دقيق الذرة. تذوق الخليط للتأكد من أنه ليس دقيقًا. سيستغرق هذا ما بين 6-8 دقائق. قم بإزالة جراب الفانيليا.

h) حشوة باردة قليلا. تليين الزبدة وتترك لتبرد. اخفقي الزبدة المخفوقة في حشوة الشوكولاتة. تصب في الفطائر المبردة وتترك لتستقر.

i) عندما تبرد ، اصنع أوراق الشوكولاتة مع بعض الشوكولاتة المذابة واستخدمها لتزيين الفطائر.

تارت المأكولات البحرية

34. فطائر ألاسكا للمأكولات البحرية

يجعل: 6 حصص

مكونات:

- 418 جرام من سلمون ألاسكا الوردي المعلب
- 350 جرام باكيت فيلو باستري
- 3 ملاعق كبيرة زيت الجوز
- 15 جرام من المارجرين
- 25 جرام من الدقيق العادي
- 2 ملاعق كبيرة زبادي يوناني
- 175 جرام من أعواد المأكولات البحرية مقطع
- 25 جرام من الجوز المفروم
- 100 جرام جبن بارميزان مبشور أو جبن شيدر مبشور

تعليمات:

a) يسخن الفرن مسبقًا إلى 80 درجة مئوية ، 350 فهرنهايت ، علامة الغاز 4. ادهن 8 أطباق فطيرة فردية أو أوعية البودينغ المقاومة للفرن قليلًا.

b) صفي علبة السلمون واجعل العصير يصل إلى 200 مل / 7 أونصات من الماء لمرق السمك. تقشر السلمون. اجلس جانبا.

c) ادهن كل ورقة من عجينة الفيلو بالزيت واطوِها إلى ستة عشر مربعًا بحجم 12.5 سم / 5 بوصة. ضع مربعًا واحدًا في كل طبق دائري مع ترك الزوايا المدببة بارزة فوق الحافة.

d) ادهنيهم بالزيت ثم ضعي مربعًا ثانيًا من المعجنات على الأول ، لكن مع توجيه الزوايا لأعلى بين الزوايا الأصلية لتكوين تأثير زنبق الماء. ادهني النقاط جيداً بالزيت ثم اخبزيها لمدة 5 دقائق حتى تتماسك ولكن ليس لونها بني. أخرجه من الفرن.

e) خففي درجة حرارة الفرن إلى 150 درجة مئوية ، 300 فهرنهايت ، علامة الغاز 2. ذوب السمن وقلّب في الدقيق. يُمزج مرق السمك مع الضرب جيدًا لإزالة الكتل. قلّب الزبادي وأعواد المأكولات البحرية والجوز وسمك السلمون في الصلصة واقسميها بالتساوي بين علب المعجنات الثمانية.

f) رشي فتات الخبز على الوجه ثم أعيديها إلى الفرن للتسخين لمدة 5-8 دقائق أو حتى يتحول لون الجبن والمعجنات إلى اللون البني الذهبي. قدميها على الفور.

35. تارت جراد البحر والجبن الحار

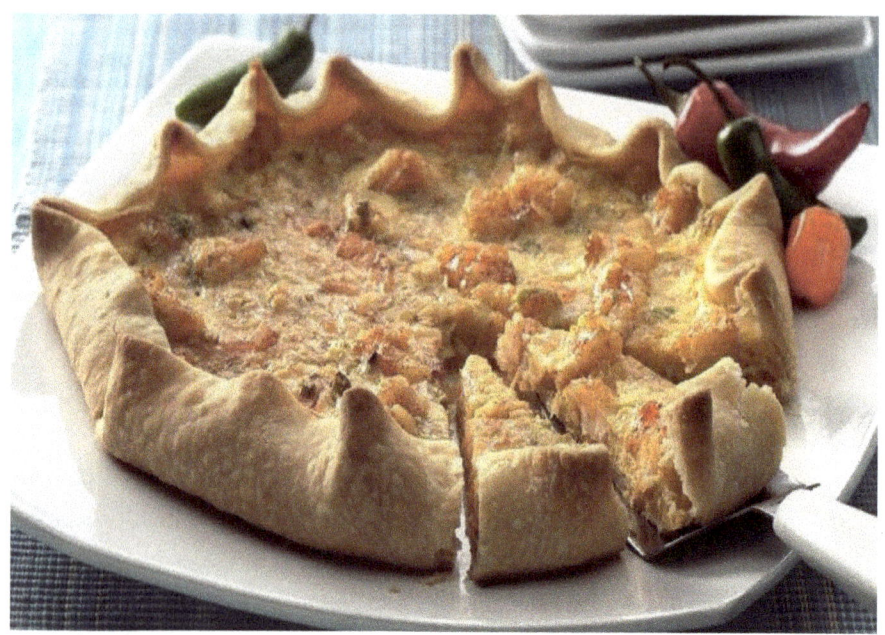

يجعل: 6 حصص

مكونات:
- 1 عجينة فطيرة أساسية محضرة في المنزل أو محضرة ومبردة
- 3 ملاعق كبيرة سمنة
- نصف كوب فلفل أحمر مقطع إلى مكعبات
- نصف كوب بصل مقطع مكعبات
- 3 ملاعق كبيرة دقيق
- 1 باوند ذيول الجراد
- 1 كوب فلفل حار مبشور جبنة مونتيري جاك
- 2 ملعقة طعام بصل أخضر مفروم
- 1 ملح؛ ليتذوق
- 1 فلفل حريف؛ ليتذوق

تعليمات:

a) سخني الفرن على 350 درجة. على سطح مرشوش بالدقيق، افردي العجينة إلى دائرة طولها 10 بوصات. انقله إلى قالب بسكويت كبير مدهون بقليل من الزيت.

b) في مقلاة تذوب الزبدة. عندما تبدأ في تكوين الرغوة، أضيفي الفلفل الأحمر والبصل، واطبخي لمدة دقيقتين. يُضاف الدقيق ويُطهى مع التحريك لمدة 3 دقائق. أضف الجراد واطهيه لمدة دقيقتين إضافيتين. يُرفع عن النار ويُضاف إليه الجبن والبصل الأخضر.

c) يتبل بالملح والفلفل الحار حسب الرغبة. تكوّن خليط جراد البحر في وسط دائرة المعجنات، تاركًا حدود 2 إلى 3 بوصات من المعجنات. اطوِ العجينة الزائدة فوق الحشوة، مع وضع طبقات عليها، لكن لا تغطي الحشوة بالكامل. اعمل حول الدائرة واستمر في الطي فوق الطية السابقة حتى تشكل تورتة ريفية حرة الشكل.

d) أدخل ورقة البسكويت في الفرن واخبزيها لمدة 35 دقيقة.

36. تارت الاسكالوب والجبنة الزرقاء

يجعل: 1 حصة

مكونات:
- 6 قطع كبيرة المحارات الصدفية
- 8 بصل احمر
- 6 أوقية جبنة زرقاء
- 2 أوقية جبن ماسكاربوني
- 1 صفار البيض
- 4 أوقية أوراق السبانخ
- خل
- سكر
- خمر أحمر
- بَقدونس

تعليمات:

a) لتحضير هذا الطبق ، يجب طهي البصل أولاً.

b) للقيام بذلك ، قم بتقطيعها إلى شرائح رفيعة وطهيها في القليل من زيت الزيتون. اطهيه ببطء لمدة 30 دقيقة مع الخل.

c) افردي المعجنات وضعي العجينة الرقيقة في قالب مدهون بالزبدة قبل صنع الحشوة. اصنع الحشوة بخلط الماسكاربوني والجبن الأزرق مع صفار البيض والتوابل.

d) تُخبز العجينة في فرن ساخن. يُرفع ويُملأ بالمزيج وشرائح الإسقلوب. تُخبز في الفرن وتُرفع من الصينية. قدميه مع مربى البصل على الجانب.

37. سمك السلمون المدخن بالكريمة والشبت تارت

يجعل: 6 حصص

مكونات:

- 5 ورقة فيلو - مذابة
- 3 ملاعق كبيرة زبدة غير مملحة - ذائبة
- 4 قطع كبيرة صفار البيض
- 1 ملعقة طعام خردل ديجون - بالإضافة إلى 1 ملعقة صغيرة
- 3 قطع كبيرة بيض
- 1 كوب تساو
- 1 كوب كريمة خفق
- 6 أونصات سلمون مدخن - مقطع
- 4 بصل أخضر - مقطع
- نصف كوب الشبت - طازج ، مفروم أو 1 ت. أعشاب شبت مجففة
- أغصان الشبت

تعليمات:

a) زبدة بسخاء طبق فطيرة بقطر 9 بوصات.
b) ضع ورقة واحدة على سطح العمل.
c) ادهني ورقة الفيلو بالزبدة واطوِها من المنتصف بالطول. يطوي السطح بالفرشاة بالزبدة.
d) قطع نصف بالعرض. ضع 1 مستطيل من رقائق الفيل ، جانبه مدهون بالزبدة لأسفل ، في طبق الفطيرة المحضر ، وقم بتغطية الجزء السفلي واترك المعجنات تتدلى من قسم واحد من الحافة بمقدار-inch.
e) ادهني الجزء العلوي من رقائق البطاطس على طبق فطيرة بالزبدة. ضع مستطيل الفيلو الثاني على طبق دائري ، وقم بتغطية الجزء السفلي واترك المعجنات تتدلى على قسم آخر من الحافة بمقدار-inch ؛ دهنها بالزبدة.
f) كرر العملية مع أوراق الرقائق الأربع المتبقية ، مع التأكد من تغطية سطح الحافة بالكامل لتشكيل القشرة.
g) قم بطي الجزء المتدلي أسفله لتشكيل حافة قشرة تتدفق مع حافة لوحة الفطيرة.
h) ادهن حواف القشرة بالزبدة.
i) يسخن الفرن إلى 350 درجة فهرنهايت. اخفقي صفار البيض والخردل في وعاء للمزج.
j) يخفق في البيض ونصف ونصف ، والقشدة ، والسلمون ، والبصل ، والشبت المفروم.
k) الموسم الى الذوق مع الملح والفلفل. تصب في عجينة جاهزة.

l) اخبز حتى يتم ضبط المركز ، حوالي 50 دقيقة.
m) نقـل إلى الـرف. رائـع. زينيهـا بأغصـان الشـبت وقـدميها دافئـة قليلاً أو في درجـة حرارة الغرفة.

38. فطائر السلمون النرويجي

يجعل: 12 حصة

مكونات:
- 10 ملاعق كبيرة سمنة
- 2 كوب دقيق
- ماء؛ بارد
- 1 ملعقة طعام سمنة
- 1 حبة كبيرة بصلة؛ مقطع
- 1 كوب الفطر؛ مقطع إلى شرائح
- نصف كوب الكريمة الحامضة
- 1 باوند سمك السلمون فيليه
- 2 بيض؛ ضرب بخفة
- 2 ملاعق صغيرة الشبت. طازجة ومقطعة
- ملح
- الفلفل
- 1 بياض البيضة؛ مهترئ قليلا
- 1 كوب الكريمة الحامضة
- 2 ملاعق صغيرة الثوم المعمر. مقطع
- 1 ملعقة صغيرة الشبت. طازجة ومقطعة
- رشة من مسحوق الثوم

تعليمات:
a) قطّعي الزبدة في الدقيق باستخدام خلاط معجنات وأضيفي الماء، قليلًا تلو الآخر، حتى تتشكل عجينة قاسية.
b) قم بلف وقطع القشور العلوية والسفلية لـ 12 تارتًا.
c) في مقلاة نذوب الزبدة ونضيف البصل ونحمر.
d) أضف الفطر والقشدة الحامضة. ينضج لمدة خمس دقائق ويبرد.
e) في هذه الأثناء، يُسلق السمك أو يُطهى على البخار حتى يتقشر بسهولة. صفي السمك ورقائق في وعاء.
f) اخلطي البيض الكامل والشبت مع السمك.
g) اضف الملح والفلفل للمذاق.
h) اخلطي السمك ومخلوط الفطر واسكبهم في القشور السفلية. ضع القشرة الثانية في الأعلى واقرص الحواف معًا لإغلاقها.
i) ادهني بياض البيض فوق القشور والحواف العلوية.

j) قشور وخز فتحات البخار. اخبزيها لمدة 10 دقائق عند 450 درجة فهرنهايت ، أو حتى تصبح القشرة ذهبية اللون.

k) اخلطي الكريمة الحامضة والتوابل. أضف ملعقة إلى كل تورتة قبل التقديم.

39. **فطائر السلمون المدخن الصغيرة**

يجعل: 6 حصص

مكونات:
- 1¾ كوب طحين لجميع الاستخدامات
- نصف ملعقة صغيرة مصنع نبيذ سولت جون كوليبرتسون.
- 8 ملاعق كبيرة سمنة
- نصف كوب ماء بارد

تعليمات:
a. ضع الدقيق والملح والزبدة في وعاء محضر الطعام.
b. نخفق حتى تشبه العجينة الوجبة.
c. يُضاف الماء ويُخفق حتى يتكوّن العجين على شكل كرة على النصل.
d. افردي العجينة بسمك بوصة وقطعيها إلى دوائر بحجم 2 بوصة. توضع قوالب التورتة الصغيرة مع حلقات العجين.
e. الحشوة: 4 أونصات من السلمون المدخن، 5 أونصات من جبنة جروير، مبشورة 4 بيضة، مخفوقة 1½ كوب حليب ½ كوب كريمة خفق ¼ ملعقة صغيرة ملح ملعقة صغيرة فلفل
f. امسح شرائح السلمون المدخن بمنشفة ورقية لإزالة الرطوبة الزائدة ثم قطع الشرائح إلى شرائح بحجم 1 بوصة.
g. يُقسم السلمون المقسم إلى شرائح بين القشرة اللاذعة ويُرش الجبن فوق كل منها.
h. اخلطي البيض والحليب والقشدة مع الملح والفلفل واسكبيهم في كل قشرة لاذعة.
i. تُخبز الفطائر في فرن محمّى على حرارة 400 درجة فهرنهايت لمدة 15 دقيقة تقريبًا.
j. استمر في التحقق أثناء الخبز لأن الفطائر صغيرة وتستغرق وقتًا أقل بكثير من التورتة الكبيرة.

40. فطائر الروبيان الاحتفالية

يصنع: 48 حصة

مكونات:
- 2 معجنات لفطيرة مزدوجة أو قشرة تارت.
- 1 كوب لبن
- 1 علبة جبنة كريمية ، مكعبات
- 4 بيضات مخفوقة قليلاً
- 1 علبة روبيان صغير أو طازج.
- 2 ملعقة طعام الثوم المعمر المجفف
- نصف كوب فلفل أحمر مفروم ناعم
- الملح والفلفل حسب الذوق
- أعشاب شبت طازجة للتزيين

تعليمات:

a) تحضير 48 قشرة تارت صغيرة من المعجنات. سخني الحليب على نار خفيفة. تضاف مكعبات الجبنة الكريمية مع التحريك حتى تذوب بسلاسة.

b) أضيفي خليط الجبن تدريجياً إلى البيض. يضاف باقي المكونات ماعدا الشبت. ملعقة كبيرة من الحشوة في كل قشرة لاذعة.

c) تخبز في 350 درجة فهرنهايت لمدة 20-25 دقيقة أو حتى تنضج. تُزين بالروبيان والشبت الحشائش. تصنع: 48 تارت صغير أو 24 تارت متوسط.

d) زيّنيها قبل التقديم.

41. الجمبري والبصل والطماطم

يجعل: 1 حصة

مكونات:

- 18 حبة كبيرة جمبري
- 10 فصوص ثوم مهروسة
- 1 قرصة زعفران
- 1 كوب زيت الزيتون
- 6 بصل
- علبة 8 أونصات من الطماطم المقشرة
- 2 الأنشوجة
- نصف كوب زيتون كالاماتا
- 4 أعواد الزعتر
- 1 ورقة. نفخة المعجنات
- 2 رؤساء فريزي
- 6 باقات ماشي

تعليمات:

a) قبل تحضير هذا الطبق بيوم واحد ، نقع الجمبري في مزيج من 4 فصوص من الثوم المهروس ، والفلفل الأسود ، ونصف كوب زيت زيتون ، ورشة زعفران. ضعيها في الثلاجة طوال الليل.
b) لتحضير مربى البرتقال ، يُقشر البصل ويقطع إلى نصفين ويقطع إلى شرائح رفيعة.
c) في قدر على نار خفيفة مع ملعقتين كبيرتين من الزيت ، يُطهى البصل حتى يصبح شفافًا.
d) صفي الطماطم ، وأزيلي البذور وقطعيها جيدًا وأضيفيها إلى البصل.
e) يُضاف الأنشوجة المفرومة والزيتون المفروم والزعتر ويُطهى لمدة 3 ساعات على نار خفيفة جدًا مع التحريك كثيرًا.
f) في هذه الأثناء ، قطع 6 جولات من عجين الفطير بقطر حوالي 3 بوصات.
g) توضع على صينية خبز مع ورقة. ثانية ، وتخبز في الفرن لمدة 6 دقائق على 350 درجة.
h) حضري الفريزيه بقطع الخس الأخضر باستخدام الجزء الأبيض فقط. يقطع الفريزيه ويغسل جيدا.
i) في مقلاة كبيرة على نار متوسطة ، سخني نصف كوب زيتون حتى يسخن ، واطهي الجمبري حتى يصبح لونه ورديًا وملفوفًا.
j) ضعي مربى الطماطم فوق كل تورتة ودفئها في الفرن لمدة 5 دقائق. تبلي الفريزيه بقليل من زيت الزيتون والملح والفلفل.

k) أخرجي التورتة من الفرن وضعيها في طبق ، وضعيها فوق التورتة ، وغطيها بالروبيان.
l) تُزين بأوراق الخس الماش.
m) رشي زيت الزيتون حول التورتة وقدميها.

42. تارت كوكتيل الروبيان

يجعل: 20 مقبلات

مكونات:
- 1 15 أوقية pkg. قشور الفطيرة المبردة
- أوراق الخس المفروم ناعما
- 1 12 أوقية pkg. روبيان صغير مطبوخ ومجمد مذاب ومشطب ومصفى
- صلصة الكوكتيل

تعليمات:
a) سخني الفرن إلى 450 درجة فهرنهايت. اسمح لكلا الكيسين بالوقوف في درجة حرارة الغرفة لمدة 15 إلى 20 دقيقة.
b) تتكشف كل قشرة. قم بإزالة الغطاء البلاستيكي العلوي.
c) اضغط على خطوط الطي. اقلب الورقة البلاستيكية المتبقية وقم بإزالتها. قطع حوالي عشر دوائر 3 بوصة من كل قشرة.
d) ضع الدوائر على ظهور أكواب المافن المصغرة.
e) قرصة 4 أو 5 طيات متباعدة بشكل متساوٍ حول جوانب الكوب.
f) قم بوخز الشوكة بسخاء. اخبزيها في درجة حرارة 450 فهرنهايت لمدة 9 إلى 13 دقيقة أو حتى يصبح لونها بنياً ذهبياً فاتحاً. تبرد تماما إزالة من أكواب الكعك.
g) ضع كمية صغيرة من الخس المفروم في كل قشرة لاذعة. تُسكب قطع الروبيان فوق طبقة الخس.
h) ضعي كمية قليلة من صلصة الكوكتيل على الوجه.

البندق تارتس

43. تارت اللوز

يصنع: 8 حصص

مكونات:
- معجنات
- نصف كوب كريمة ثقيلة
- نصف كوب سكر
- 1 ملعقة صغيرة من قشر البرتقال المبشور
- ملعقة صغيرة من خلاصة اللوز
- 1 كوب لوز مقطع
- كريمة مخفوقة للتزيين
- مربى التوت

تعليمات:

a) 2 دقيق على الأقل قبل تحضير التورتة، اصنع المعجنات.

b) عندما تبرد العجينة، سخني الفرن إلى 375 درجة فهرنهايت. بين الأوراق المطحونة بالدقيق من الورق المشمع، افردي العجينة إلى شكل دائري مقاس 11 بوصة. تتناسب مع قالب تورتة مخدد مقاس 9 بوصات مع قاع قابل للإزالة.

c) تقليم المعجنات حتى مع حافة المقلاة.

d) اثقب قعر المعجنات وجوانبها.

e) ضع الصينية اللاذعة على صينية الخبز ذات الإطار الخارجي. تُبطن قشرة المعجنات بورق الألمنيوم وتُملأ بأوزان الفطيرة. اخبز لمدة 8 دقائق أخرج الصينية من الفرن وارفع ورق الألمنيوم والأوزان. تُعاد المعجنات إلى الفرن وتُخبز لمدة 4 دقائق. توضع جانبا على رف سلكي لتبرد.

f) في هذه الأثناء، في وعاء، باستخدام الخلاط الكهربائي على سرعة متوسطة، اخلطي الكريمة والسكر والقشر واستخلصيها معًا حتى يذوب السكر، ثم أضيفي اللوز.

g) يُسكب مزيج اللوز بالتساوي في قشرة المعجنات. يُعاد إلى الفرن ويُخبز لمدة 20 إلى 25 دقيقة، أو حتى يصبح الحشو ذهبيًا. تبرد لدرجة حرارة الغرفة على رف سلكي.

h) عندما تبرد التورتة، إذا رغبت في ذلك، ضعي ملعقة من الكريمة المخفوقة حول الحافة الخارجية؛ يقلب ويحرك ويوضع فوق الكريمة. تُقطّع إلى 12 قطعة وتُقدّم.

i) المعجنات: في وعاء، يُمزج مقدار 1 ج من الدقيق غير المنقى لجميع الأغراض مع نصف ملعقة صغيرة من الملح ونصف ملعقة صغيرة من السكر. باستخدام خلاط المعجنات أو 2 سكاكين، اقطع 6 تيرابايت من الزبدة غير المملحة و 2 طن من السمن النباتي حتى يشبه الخليط فتات الخبز الخشنة.

j) أضيفي تدريجياً من 2 إلى 3 تيرابايت من الماء المثلج إلى خليط الدقيق ، واخلطيها قليلاً باستخدام شوكة حتى تصبح العجينة رطبة بدرجة كافية لتشكيل كرة. باستخدام اليدين ، قم باللف على شكل كرة وقم بتسطيحها بسمك 1 بوصة. قم بلف وتخزين ما لا يقل عن 2 دقيق قبل الاستخدام.

44. تارت الشوكولاتة المكسيكية مع جوز البقان المتبل

مكونات:

البقان
- رذاذ زيت نباتي غير لاصق
- 1 بياض بيضة كبيرة
- 2 ملاعق كبيرة سكر
- 1 ملعقة كبيرة سكر بني ذهبي
- 1 ملعقة صغيرة قرفة مطحونة
- نصف ملعقة صغيرة ملح
- نصف ملعقة صغيرة فلفل حريف
- 1 1/2 كوب بقان أنصاف

قشرة
- 1 كوب بسكويت ويفر بالشوكولاتة ، مطحون ناعماً في المعالج
- نصف كوب سكر
- نصف ملعقة صغيرة قرفة مطحونة
- نصف ملعقة صغيرة ملح
- 5 ملاعق كبيرة زبدة غير مملحة ذائبة

حشوة
- 1 كوب كريمة خفق ثقيلة
- 4 أونصات شوكولاتة حلوة ومر أو نصف حلوة ، مفرومة
- قرص 3.1 أونصة من الشوكولاتة المكسيكية
- كوب زبدة غير مملحة ، مقطعة إلى 4 قطع
- 2 ملاعق صغيرة من خلاصة الفانيليا
- 1 ملعقة صغيرة قرفة مطحونة
- نصف ملعقة صغيرة ملح
- كريمة مخفوقة محلاة قليلاً

تعليمات:

للبيكان:

a) يسخن الفرن إلى 350 درجة فهرنهايت. رش ورقة الخبز ذات الحواف برذاذ غير لاصق.

b) اخفقي جميع المكونات ما عدا جوز البقان في وعاء. يقلب في البقان.

c) ينتشر في طبقة واحدة على ورقة ، مدور الجانب لأعلى.

d) اخبز حتى يصبح لونه بني وجاف ، حوالي 30 دقيقة. تبرد على ورقة.

e) قم بفصل المكسرات ، وإزالة الطلاء الزائد.

للقشرة:

f) يسـخن الفـرن إلى 350 درجـة فهرنهـايت. امـزج المكونـات الأربعـة الأولى في المعالج.

g) أضف الزبدة المذابة. عملية حتى يتم ترطيب الفتات.

h) اضـغط على الفتـات في قـالب تورتـة قطـره 9 بوصـات مـع قـاع قابـل للإزالـة ، في حدود بوصة من الأعلى.

i) اخبزيها حتى تمام النضج ، حوالي 20 دقيقة. تبرد على الرف.

لملء:

j) يُغلى المزيـج على نار هادئة في قدر متوسطة الحجم. ازالة من الحرارة.

k) أضف الشوكولاتة خفقت حتى تذوب. أضف الزبدة ، قطعة واحدة في كل مرة ؛ خفقت حتى تصبح ناعمة.

l) اخفقي الفانيليا والقرفة والملح. صب الحشـوة في القشرة. برد حتى تبدأ الحشـوة في التماسك ، حوالي 15 إلى 20 دقيقة.

m) رتب المكسرات في دوائر متحدة المركز فوق التارت. يبرد حتى يضبط ، حوالي 4 ساعات.

45. تارت فرانجيباني بالفواكه الموسمية

مكونات:
- 1 خدمة بات بريسيه
- 6 ملاعق كبيرة زبدة غير مملحة ، طرية
- نصف كوب سكر
- 1 بيضة كبيرة
- كوب لوز مقشر مطحون ناعم
- 1 ملعقة صغيرة من مستخلص اللوز
- 1 ملعقة كبيرة أماريتو
- 1 ملعقة كبيرة دقيق لجميع الأغراض
- 2 كوب فراولة. مقشرة
- 2 كوب من توت العليقed قطفها وشطفها
- نصف كوب من مربى الفراولة أو التوت المذوب والمصفى

PÂTE BRISÉE
- 1¼ كوب دقيق لجميع الأغراض
- 6 ملاعق كبيرة زبدة باردة غير مملحة ، مقطعة إلى قطع صغيرة 2 ملاعق كبيرة سمن نباتي بارد
- نصف ملعقة صغيرة ملح

تعليمات:
PÂTE BRISÉE

a) في وعاء ، اخلطي الدقيق والزبدة والسمن النباتي والملح حتى يشبه الخليط الوجبة.

b) نضيف ملعقتين كبيرتين من الماء المثلج ونقلب المزيج حتى يتجانس الماء ويضاف المزيد من الماء المثلج إذا لزم الأمر لتشكيل عجينة وتشكيل العجين على شكل كرة.

c) ترش العجينة بالدقيق وتبريدها ملفوفة بورق الشمع لمدة ساعة.

لاذع

d) افردي العجينة بسمك بوصة واحدة على سطح مرشوش قليلًا بالدقيق ، وضعيها في قالب دائري 11 x 8 بوصة أو 10 أو 11 بوصة مع حافة مخددة قابلة للإزالة. ، وبردي القشرة أثناء صنع الفرانجيبان .

e) في وعاء ، نمزج الزبدة والسكر ونخفق في البيض واللوز وخلاصة اللوز والأماريتو والدقيق.

f) انشر الفرانجيبان بالتساوي على قاع القشرة واخبز التورتة في منتصف درجة حرارة 375 فهرنهايت. الفرن لمدة 20 إلى 25 دقيقة ، أو حتى تصبح القشرة ذهبية اللون.

g) دع التورتة تبرد. قطّعي الفراولة بالطول إلى شرائح بسمك بوصة ، ورتبّي الشرائح متداخلة وزخرفيًا مع التوت في صفوف على ورقة الفرانجيباني ، وادهنيها برفق بالمربى.

46. باكويل تارت

مكونات:

- 1 قشرة تارت حلوة رائعة غير قابلة للانكماش ، مخبوزة جزئيًا في صينية تورتة سفلية قابلة للإزالة مقاس 9 بوصات
- 1 كوب لوز مفروم خشن ، مقشر إذا أمكنك العثور عليه
- 1 ملعقة كبيرة دقيق لجميع الأغراض
- نصف كوب سكر
- 9 ملاعق كبيرة زبدة غير مملحة في درجة حرارة الغرفة
- 1 بيضة كبيرة
- 1 بياض بيضة كبيرة
- نصف ملعقة صغيرة من مستخلص اللوز
- 1 ملعقة صغيرة من قشر البرتقال
- نصف كوب مربى توت
- لوز مقطع أو شرائح للتزيين

تعليمات:

a) طحن اللوز والدقيق في معالج. يُمزج السكر ، ثم الزبدة ، والمستخلص ، وقشر البرتقال. حتى مزيج سلس. اخلطي بياض البيض والبيض. انقل الحشوة إلى وعاء. يغطى ويبرد لمدة 3 ساعات على الأقل.

b) ضع الرف في وسط الفرن وقم بالتسخين المسبق حتى 350 درجة فهرنهايت. انشر المربى فوق قاعدة القشرة اللاذعة. قم بتقطير حشوة اللوز في كل مكان ، ثم انثرها بعناية باستخدام ملعقة الإزاحة. إذا كنت تستخدم شرائح أو شرائح من اللوز كمقبلات ، قم برشها على الوجه الآن. اخبزي التورتة حتى تصبح ذهبية اللون ويتم إدخال جهاز اختبار في وسط الحشوة ويخرج نظيفًا ، حوالي 45 دقيقة. تارت بارد في مقلاة على الرف.

c) للتقديم ، ادفع قاع الإناء لأعلى ، ثم حرر التورتة من المقلاة. قطعي التورتة إلى أسافين ورشيها بمسحوق السكر إذا رغبت في ذلك.

d) افعل ذلك مسبقًا: يمكن حشو اللوز قبل يومين. يحفظ مبردا. يمكن أيضًا تحضير تورتة كاملة قبل نصف يوم. دعه يقف في درجة حرارة الغرفة

47. تارت التفاح و الجوز

يجعل: 1 حصة

مكونات:
- عبوة 15 أونصة من قشور الفطيرة المبردة
- 3 أكواب تفاح مقشر شرائح رقيقة
- نصف كوب سكر
- 3 ملاعق كبيرة الزبيب الذهبي
- 3 ملاعق كبيرة الجوز المفروم أو البقان
- نصف ملعقة صغيرة قرفة
- نصف ملعقة صغيرة قشر الليمون المبشور
- 2 ملاعق صغيرة عصير ليمون
- 1 صفار البيض للضرب
- 1 ملعقة صغيرة ماء
- نصف كوب سكر ناعم
- 1 ملعقة صغيرة عصير ليمون

تعليمات:

a) قم بإعداد قشرة الفطيرة وفقًا. لتوجيهات العبوة للفطيرة ذات القشرة المزدوجة باستخدام صينية تورتة مقاس 10 بوصات ذات قاع قابل للإزالة أو صينية فطيرة مقاس 9 بوصات.

b) ضع 1 قشرة محضرة في المقلاة ؛ اضغط على الجانبين السفلي والأعلى من المقلاة. تقليم الحواف إذا لزم الأمر.

c) يُسخن الفرن إلى 400 درجة فهرنهايت ، ضع صفيحة البسكويت في الفرن لتسخن مسبقًا. في وعاء ، يُمزج التفاح والسكر والزبيب والجوز والقرفة وقشر الليمون وملعقتان صغيرتان من عصير الليمون ؛ رمي بخفة لتغطي. تُسكب بالملعقة في المقلاة المبطنة بالقشرة.

d) لعمل قمة شعرية ، قم بتقطيع القشرة الثانية إلى شرائح بعرض بوصة. رتب الشرائط في تصميم شبكي فوق الحشوة. تقليم وختم الحواف. في وعاء ، يُمزج صفار البيض والماء ؛ قم بالفرشاة برفق فوق الشبكة.

e) ضع التورتة على ورقة ملف تعريف الارتباط مسخنة مسبقًا. اخبزيها في درجة حرارة 400 فهرنهايت لمدة 40 إلى 60 دقيقة أو حتى تنضج التفاحات وتصبح القشرة ذهبية اللون. غطي حافة القشرة بقطع من ورق القصدير بعد 15 إلى 20 دقيقة من الخبز لمنع تحول اللون البني المفرط. بارد لمدة ساعة.

f) في وعاء ، تُمزج **مكونات الصقيل** ، مع إضافة ما يكفي من عصير الليمون للحصول على قوام الرذاذ المطلوب. رشي فوق تورتة دافئة قليلاً. رائع؛ قم بإزالة جوانب المقلاة.

48. تارت المشمش المكاديميا الجوز

يجعل: 12 حصة

مكونات:
- 1½ كوب دقيق
- نصف كوب سمنة؛ خففت
- نصف كوب سكر بني؛ معباه
- 2 ملعقة طعام كاكاو.
- 1 بيضة
- 8 أونصات مشمش مجفف
- 3 أونصات المكسرات المكاديميا؛ مفروم خشن
- نصف كوب سكر
- نصف كوب سمنة؛ ذاب
- نصف كوب شراب ذرة خفيف
- نصف ملعقة صغيرة ملح
- 2 بيض

مشمش مغمس بالشوكولا
- نصف كوب رقائق شوكولاتة نصف حلوة
- 1 ملعقة صغيرة تقصير
- 12 مشمش مجفف

تعليمات:

a) سخني الفرن إلى 400 درجة مئوية. تخلط جميع مكونات المعجنات حتى تتشكل عجينة.

b) اضغط بقوة وبشكل متساوٍ على الجزء السفلي والجانب من قالب تورتة غير مدهون مقاس 11 بوصة مع قاع قابل للإزالة. اخبزيها لمدة 10-12 دقيقة أو حتى تنضج.

c) بعد خبز العجين، سخني الفرن على درجة 375. احتياطي 12 مشمشًا للمشمش المغمس بالشوكولاتة؛ يقطع المشمش المتبقي بشكل خشن.

d) نرش المكسرات والمشمش المفروم بالتساوي على المعجنات المخبوزة.

e) يخفق السكر والزبدة وشراب الذرة والملح والبيض حتى يصبح المزيج ناعمًا. صب المكسرات والمشمش.

f) اخبزيها لمدة 25 إلى 30 دقيقة أو حتى تنضج.

g) غلف الطبق بورق مشمع. ضع الرقائق والسمن في وعاء صغير آمن للاستخدام في الميكروويف. مكشوف الميكروويف على وسط لمدة 2 إلى 3 دقائق أو حتى يمكن تقليب الخليط بسلاسة.

h) اغمس نصف كل مشمش في خليط الشوكولاتة. ضع على طبق.
i) دعها تقف حتى تجف الشوكولاتة. ضع على التورتة.

49. تارت بلاك بيري كريم الجوز

يجعل: 1 حصة

مكونات:
- نصف كوب طحين لجميع الاستخدامات
- نصف ملعقة صغيرة ملح
- 1 عبوة 8 أونصات من الجبن الكريمي ، طرية
- نصف كوب المحلاة الحليب المكثف
- 2 ملعقة طعام السكر البودرة المنخل
- 1 عبوة 16 أونصة من التوت الأسود المجمد ، مذاب ومصفى
- نصف كوب سكر حبيبات
- 3 ملاعق كبيرة نشا الذرة
- نصف كوب الجوز المطحون ناعما
- 1½ كوب السكر البودرة المنخل
- 2 ملعقة طعام دهن بنكهة الزبدة
- نصف ملعقة صغيرة فانيلا
- نصف كوب دهن بنكهة الزبدة
- 3 ملاعق كبيرة ماء مثلج
- 1 ملعقة طعام عصير ليمون طازج
- نصف كوب رقائق شوكولاتة بيضاء
- نصف كوب عين الجمل
- 2 ملعقة طعام شراب Boysenberry
- 1 ملعقة صغيرة الزبدة أو المارجرين
- نصف ملعقة صغيرة عصير ليمون طازج
- نصف ملعقة صغيرة ملح
- نصف ملعقة صغيرة نكهة الزبدة
- 4 ملاعق كبيرة كريمة خفق

تعليمات:

a) لتحضير القشرة: سخني الفرن على درجة حرارة 425 درجة مئوية. يُمزج الدقيق والملح في وعاء. قطّعي السمن باستخدام خلاط معجنات أو سكاكين حتى يمتزج الطحين بالكامل لتشكيل قطع بحجم حبة البازلاء.

b) يرش بالماء ، 1 ملعقة كبيرة في كل مرة. قلبي برفق باستخدام شوكة حتى تتكون العجين على شكل كرة. اضغط بين اليدين لتشكيل "فطيرة" من 5 إلى 6 بوصات.

c) قم برش سطح الدرفلة ودحرجة العجين برفق. تُلف العجينة على شكل دائرة. تقليم 1 بوصة أكبر من قالب التورتة المقلوب 9 بوصة بأحجام قابلة للإزالة. فك العجين بعناية. أضعاف في أرباع. طحين تورتة طفيفة.
d) افتحي العجينة واضغطي عليها في صينية التورتة. قم بقص الحافة حتى مع الجزء العلوي من الحافة. قم بوخز القاع والجوانب جيدًا باستخدام شوكة 50 مرة لمنع الانكماش.
e) قم بتغطية الحافة بطبقة مزدوجة من ورق الألمنيوم لمنع تحول اللون البني الزائد.
f) اخبزيها لمدة 10 إلى 15 دقيقة أو حتى يصبح لونها بني فاتح. تبرد لدرجة حرارة الغرفة.
g) لتحضير حشوة الجبن الكريمي: يُمزج الجبن الكريمي والحليب المكثف والسكر البودرة وعصير الليمون في وعاء. يخفق على السرعة المنخفضة للخلاط الكهربائي حتى يصبح قشديًا. ضع رقائق الشوكولاتة البيضاء والمكسرات في وعاء عمل محضر الطعام. تُخفق حتى تُفرم ناعماً. امزج مع خليط الجبن. ينتشر في قاع قشرة التارت المخبوزة المبردة.
h) لتحضير حشوة الفاكهة: يُمزج التوت الأسود والسكر ونشا الذرة وشراب التوت البري في قدر متوسطة الحجم. يُطهى ويُحرّك على نار متوسطة حتى يصبح المزيج كثيفًا وصافيًا. ازالة من الحرارة. أضيفي الزبدة وعصير الليمون والملح. انقله إلى وعاء. تبرد لدرجة حرارة الغرفة. تُسكب فوق حشوة الجبن.
i) لتحضير الإضافات: رشي المكسرات على حشوة الفاكهة بطريقة شعرية.
j) للتزيين: يُمزج السكر البودرة والسمن والفانيليا ونكهة الزبدة و 3 ملاعق كبيرة من الكريمة في وعاء. اخفقي المزيج حتى يصبح المزيج ناعمًا ، مع إضافة المزيد من الكريمة ، إذا لزم الأمر ، للحصول على الاتساق المطلوب. تُسكب الملعقة في كيس التزيين المزود بالرأس المطلوب. تشكل إطارًا مزخرفًا. حول حافة التورتة.
k) برد لمدة 1 إلى 2 ساعة. إزالة الحافة. مقطعة إلى حصص. برد بقايا الطعام.

50. تارت الجزر والجوز

يصنع: 8 حصص

مكونات:
- 1 قذيفة فطيرة مخبوز جزئيا
- 3 بيض
- نصف كوب سكر
- 1 ملعقة صغيرة عصير ليمون وبشر ليمون
- 2 كوب جزر مبشور ناعما
- 4 ملاعق كبيرة ذابت الزبدة
- نصف ملعقة صغيرة مسحوق الخبز
- نصف كوب دقيق
- نصف كوب لوز
- نصف كوب صقيل المشمش

تعليمات:

a) اخلطي البيض والسكر وعصير الليمون والقشر. يضاف الجزر والزبدة ويقلب جيدا.

b) في أوعية منفصلة، اخلطي المكسرات والدقيق والبيكنج بودر. مزيج مزيج اثنين. تصب في فطيرة مخبوزة جزئيًا أو قشرة حامضة. اخبزيها على حرارة 400 درجة لمدة 20 دقيقة تقريبًا.

c) للتزجيج، يذوب المشمش المحفوظ، أضف ملعقتين كبيرتين من البراندي وقم بتغطية الجزء العلوي من التورتة عندما يخرج التارت من الفرن.

51. تارت الكراميل الجوز

يجعل: 1 حصة

مكونات:

- 1 كوب سكر
- نصف كوب كريمة ثقيله
- كوب زبدة غير مملحة. قطع إلى قطع صغيرة
- 3 ملاعق كبيرة عسل
- نصف ملعقة صغيرة ملح
- 2½ كوب نصفين الجوز
- 1 خدمة عجينة البات سوكريه
- 2 أوقية شوكولاته حلوة مرة؛ مقطع
- 2½ كوب طحين لجميع الاستخدامات
- 3 ملاعق كبيرة سكر
- 2 العصي الزبدة الباردة غير المملحة. اقطعه
- 2 حبة كبيرة صفار البيض
- 4 ملاعق كبيرة ماء مثلج

تعليمات:

a) في قدر ثقيل ، يُغلى نصف كوب ماء وسكر مع التحريك حتى يذوب السكر. يُغلى الشراب في مقلاة مغطاة ، بدون تقليب ؛ يمكنك إما تحريك المقلاة أو غسل جوانب القدر بفرشاة معجنات مغموسة في الماء لإزالة أي بلورات السكر التي علقت حتى تبدأ في التحول إلى اللون الذهبي.

b) يُضاف الكريم بعناية ويُعاد تسخين المقلاة. أضف الزبدة والعسل والملح مع التحريك حتى تذوب الزبدة ويصبح المزيج ناعمًا. يقلب في الجوز ويترك على نار هادئة بدون غطاء على نار متوسطة مع التحريك من حين لآخر لمدة 5 دقائق. أبعده عن الحرارة ودعه يبرد.

c) في هذه الأثناء ، قم بلف نصف طبق بات Sucrée بين ورقتين من الغلاف البلاستيكي في دائرة مقاس 11 بوصة. ضع المعجنات في قالب تورتة مخدد مقاس 9 بوصات مع قاع قابل للإزالة. لتقليص العجينة بالتساوي ، دحرج الشوبك فوق صينية التورتة. يبرد لمدة 20 إلى 30 دقيقة.

d) سخني الفرن إلى 400. املئي القشرة اللاذعة بخليط الجوز المبرد ، ووزعيه بالتساوي باستخدام ملعقة مطاطية. افردي العجينة المتبقية بين ورقتين من الغلاف البلاستيكي على شكل دائرة مقاس 11 بوصة. نقل إلى قذيفة لاذع. اضغط على حافة القشرة العلوية على القشرة السفلية لإغلاقها. قم بلف الشوبك فوق قالب التورتة لتقليم الحافة. جمد لمدة 20 دقيقة.

e) تُخبز على صينية خبز مبطنة بورق حتى تصبح القشرة ذهبية ، حوالي 25 إلى 30 دقيقة. تبرد على رف السلك.

f) في غلاية مزدوجة فوق ماء يغلي بالكاد ، تذوب الشوكولاتة مع التحريك حتى تصبح ناعمة. قم بتبريد الشوكولاتة ونقلها إلى كيس معجنات مزود برأس بسيط صغير جدًا .

g) ضع الشوكولاتة في شكل دائري على كامل سطح التارت. اترك الشوكولاتة في درجة حرارة الغرفة. لمدة ساعة إلى ساعتين.

باتيه سوكريه

h) ضع الدقيق والسكر في محضر الطعام. نبضة للجمع.

i) أضف الزبدة يُخفق المزيج حتى يشبه الوجبة الخشنة ، من 10 إلى 20 ثانية.

j) يخفق صفار البيض بخفة. أضف الماء المثلج. أضف إلى معالج الطعام أثناء تشغيل الجهاز ؛ اخفقي حتى تتماسك العجينة.

k) قسّم العجين إلى دفعتين ؛ تتحول إلى قطعتين منفصلتين من غلاف بلاستيكي.

l) افرد كل منها على شكل دائرة ولفها في غلاف بلاستيكي ؛ برد لمدة 1 ساعة على الأقل.

52. فطائر الجوز بالفواكه

يجعل: 6 حصص

مكونات:
- 1½ كوب كريمة خفق
- 1½ كوب زبيب منتفخ
- 1 كوب الجوز المفروم
- نصف كوب سكر
- 2 موز مقطع
- 6 كرز ماراشينو ، مفروم
- قليل من حبات الملح

تعليمات:

a) تُخفق الكريمة حتى تتجمد. أضف السكر والملح. يقسم إلى 2 أجزاء.
b) يُمزج الموز والزبيب مع ½ الكريمة. تتراكم بخفة في قشور المعجنات الفردية المخبوزة. يُغطى بالكريم المتبقي. تُزين بالكرز والمكسرات. 20 حصة غذائية.

53. تارت الجوز البرازيلي بالبرتقال

يصنع: 4 حصص

مكونات:
- 3 بيض مفصول
- نصف كوب سكر حبيبات
- 1 برتقالة مبشورة
- 1 ملعقة صغيرة خلاصة الفانيليا
- 2 كوب جوز برازيلي مطحون ناعماً
- 1½ ملعقة كبيرة طحين لجميع الاستخدامات
- نصف ملعقة صغيرة ملح

مقبلات:
- 2 جريب فروت
- 2 البرتقال
- 4 قطع كبيرة بياض البيض
- 1¼ كوب سكر حبيبات

تعليمات:

a) سخني الفرن على 350 درجة. تُبطن صينية دائرية مقاس 10 بوصات بورق زبدة ودقيق وزبدة.

b) في وعاء ، اخفقي صفار البيض والسكر معًا حتى يصبح لونها أصفر باهتًا. أضيفي نكهة البرتقال والفانيليا ، واخفقيها حتى تصبح خفيفة ورقيقة ، وضعيها جانبًا.

c) في وعاء ، يُمزج كوب من الجوز البرازيلي مع الدقيق ويترك جانباً. احتفظي بالمكسرات المتبقية للتزيين.

d) في وعاء آخر ، اخفقي بياض البيض حتى يصبح رغويًا. رشي الملح واستمري في الخفق حتى تتكون قمم ناعمة. بدّل الطي في مزيج الجوز والدقيق ومزيج الصفار المخفوق حتى يتجانس. تصب في المقلاة المحضرة.

e) اخبزيها لمدة 25 إلى 30 دقيقة ، أو حتى يصبح لونها بني فاتح. ضعه على الرف ليبرد لمدة 10 دقائق. مرر سكينًا على طول الحافة للفك والعكس على طبق. انزع البرشمان واتركه يبرد تمامًا.

f) في هذه الأثناء ، سخني الفرن إلى 300 درجة. توضع الكعكة على صينية خبز مغطاة بورق زبدة.

g) العمل فوق وعاء لالتقاط العصائر ، قشر الجريب فروت والبرتقال وقطع بين الأغشية لإزالة المقاطع. انزع البذور. رتبي الأقسام فوق الكعكة. يُسكب العصير في مصفاة ويُسكب فوق الكيك.

h) في وعاء ، اخفقي بياض البيض حتى يصبح رغوي. يضاف السكر تدريجيًا مع الخفق حتى تتشكل القمم الصلبة ، حوالي 10 دقائق. قم بطي كوب واحد من المكسرات البرازيلية المطحونة برفق.

i) وزعي المرينغ بالتساوي على الكيك واخبزيه لمدة نصف ساعة. تبرد على الرف وتقدم.

54. تارت الصنوبر

يصنع: 4 حصص

مكونات:
- 1 ورقة عجين الفطير
- 2 كوب الصنوبر
- 2 ملعقة طعام عسل
- 1 كوب سكر
- 3 بيض
- 3 ملاعق كبيرة زيت الزيتون البكر الممتاز
- قشر 1 ليمون
- 2 ملعقة طعام المسكرات الجوز

تعليمات:

a) يسخن الفرن إلى 425 درجة. ضع المعجنات بإحكام في القشرة ، وقم بتجعيد الحواف بمعجنات إضافية للمساعدة في الحفاظ على الحواف. تُغطى العجينة بالرق وتُملأ بالفاصوليا البيضاء المجففة وتُوضع في الفرن.

b) يُطهى لمدة 8 إلى 10 دقائق ، ثم يُزال ورق البرشمان والفاصوليا ، ويُطهى حتى يجف ويصبح لونه بنياً ذهبياً فاتحاً ، لحوالي 8 إلى 10 دقائق أخرى. إزالة والسماح لتبرد.

c) في وعاء ، اخلطي الصنوبر والعسل والسكر والبيض وزيت الزيتون وقشر الليمون والخمور معًا حتى تصبح ناعمة. تُسكب في قشرة عجينة باردة وتُخبز لمدة 20 دقيقة ، أو حتى تصبح متماسكة تمامًا وتحمر قليلاً في الأعلى.

d) اتركيه ليبرد حتى يصل إلى درجة حرارة الغرفة وقدميه.

قطع الفاكهة

55. فطائر اللوز والمشمش

يصنع: 18 حصة

مكونات:
- نصف كوب زبدة
- 3 أونصات من الجبن الكريمي
- نصف كوب زبدة
- نصف كوب سكر
- 1 بيضة لكل منهما
- ملعقة صغيرة فانيليا خففت
- 1 كوب دقيق لجميع الأغراض
- كوب لوز مقشر ومحمص خشن
- نصف كوب مشمش معلب
- شريحة من اللوز

تعليمات:

a) العجينة: يخفق نصف كوب من الزبدة وجبن الكريمة بخلاط كهربائي لمدة 30 ثانية. يقلب في الدقيق. غطي المزيج واتركيه يبرد لمدة ساعة.

b) الحشوة: يخفق نصف كوب من الزبدة بالخلاط الكهربائي لمدة 30 ثانية. اخفقي السكر ثم البيض والفانيليا.

c) يضاف اللوز المطحون مع التقليب. اضغط على ملعقة كبيرة من العجين بالتساوي في قاع وجوانب كل من ثمانية عشر قالب تارت بحجم 2 إلى 2 بوصة.

d) تُسكب ملعقة صغيرة من حشوة اللوز على كل تورتة.

e) تُخبز على صينية خبز لمدة 20 إلى 25 دقيقة في فرن 350 درجة فهرنهايت. برد التارت في المقالي لمدة 10 دقائق. في هذه الأثناء، يسخن ويقلب المشمش المحفوظ على نار خفيفة حتى يذوب.

f) أخرجي التارت من القدور وضعيها على رفوف سلكية. بينما لا تزال الفطائر دافئة، ادهن الحشوة بالمعلبات المذابة.

g) تُزين بشرائح اللوز، إذا رغبت في ذلك. رائع. يصنع: 18 تارت.

56. تارت البرقوق الألزاسي

يصنع: من 6 إلى 8

مكونات:
- سمنة
- 7 حبات برقوق حمراء كبيرة ، مقطعة إلى 8 أسافين
- 4 ملاعق كبيرة سكر
- 1 باتيه سوكريه عجينة
- نصف ملعقة صغيرة قرفة مطحونة
- 1 بياض بيضة مخفوقة للمزج
- مثلجات الفانيليا

تعليمات:

a) يسخن الفرن إلى 400 فهرنهايت. خط الخبز بورق احباط. احباط الزبدة.

b) ضع البرقوق على الورقة المعدة ، متباعدًا بالتساوي. رشي ملعقتين كبيرتين من السكر. اخبزيها حتى تنضج البرقوق ولكن لا تزال متماسكة ، حوالي 30 دقيقة. بارد البرقوق على الورقة.

c) افردي العجينة على سطح مرشوش بالدقيق حتى قطر. 12 بوصة.

d) انقل المعجنات إلى وسط صينية خبز كبيرة ثقيلة أخرى. يتداخل البرقوق في دوائر متحدة المركز على المعجنات ، ويشكل دائرة قطرها 9 بوصات في الوسط.

e) تُمزج الملعقتان الكبيرتان المتبقيتان من السكر والقرفة في وعاء. يرش خليط السكر فوق الخوخ. اطوِ حافة العجينة فوق البرقوق ، واضغطي لإغلاق أي تشققات في المعجنات. ادهني القشرة مرتين ببياض البيض.

f) اخبز التارت حتى تصبح القشرة ذهبية ، حوالي 25 دقيقة. مرر سكينًا حادًا رفيعًا بعناية تحت الحواف اللاذعة لفك الورقة. تبرد لمدة 15 إلى 30 دقيقة. قدمي التورتة ودافئ قليلاً مع الآيس كريم.

57. فطيرة التفاح

يصنع: 4 حصص

مكونات:

عجينة حلوة:

- 1 كوب طحين
- 3 ملاعق كبيرة سكر
- نصف ملعقة صغيرة بيكنج بودر
- رشة ملح
- 4 ملاعق كبيرة زبدة غير مملحة
- 1 بيضة كبيرة

حشوة التفاح:

- 3 تفاحات ذهبية لذيذة
- 2 ملاعق كبيرة سكر
- نصف ملعقة صغيرة قرفة.

كاسترد كيرش:

- نصف كوب كريمة ثقيلة
- 3 ملاعق كبيرة سكر
- 1 ملعقة طعام كيرش
- 3 صفار بيض

تعليمات:

a) لتحضير العجينة ، يُمزج المكونات الجافة في محضر الطعام ونخفق المزيج. أضف الزبدة واخلطها. أضيفي البيض واستمري في الخفق حتى تتكون العجين على شكل كرة. افردي العجينة في قرص مقاس 14 بوصة وضعي قالب تورتة مقاس 10 بوصات. برّدي العجينة لعدة ساعات أو طوال الليل.

b) قشر التفاح ولبه وقطعه إلى أنصاف وقطّع إلى شرائح بسمك بوصة ؛ ترتيب المعجنات ، متداخلة. يرش سكر القرفة. للكاسترد ، اخلطي جميع المكونات ؛ خفقت باليد حتى تصبح ناعمة وممزوجة جيدًا ؛ سلالة والاحتياطي.

c) اخبزيها على حرارة 350 درجة لمدة 35 دقيقة أو حتى تنضج التفاح والقشرة. إزالة التارت من الفرن. صب على كريم الكاسترد ، مع الحرص على عدم تركه يفيض. أعد التورتة إلى الفرن لمدة 5 إلى 10 دقائق أو حتى ينضج الكاسترد ، ولكن ليس ملونًا أو منتفخًا.

58. التفاح والزبيب تارت تاتين

يجعل: 6 حصص

مكونات:
- 2 ملاعق كبيرة زبدة
- 3 ملاعق كبيرة شراب الروم
- 1 كوب مزيج من الزبيب والكشمش
- 2 جنيه تفاح متوسط
- عبوة 17 أونصة من عجين الفطير المجمد
- نصف كوب زائد 2 ملاعق كبيرة سكر أبيض
- الفرن: 400 ف

تعليمات:

a) قشر ولب وقطّع التفاح إلى أثمان. املأ وعاءًا كبيرًا بما يكفي لوضع مقلاة من الحديد الزهر مقاس 9 بوصات ، مع مكعبات الثلج ، ثم قم بإضافته إلى الماء ، ثم قم بإذابة الزبدة في مقلاة من الحديد الزهر مقاس 9 بوصات على نار متوسطة. أضف السكر.

b) يقلب حتى يصبح لونه بني ويصبح مكرمل. توضع المقلاة في ماء مثلج لتتجمد ثم توضع على رف التبريد. ضبط الفرن. ضع الزبيب والكشمش في وعاء. يضاف الروم ويغطى بالماء الساخن. استنزاف بعد 5 دقائق أو نحو ذلك.

c) نرش ثلث كمية الزبيب والكشمش على الكراميل. ضع شرائح التفاح ، مدورة الجانب لأسفل ومعبأة بالقرب من بعضها البعض قدر الإمكان ، في نمط دائري. يرش ما تبقى من الزبيب والكشمش.

d) قطع المعجنات أكبر 2 بوصة من المقلاة. ضعي المعجنات في الأعلى وادخلي الجوانب وتحت حافة الصف الخارجي من التفاح. اخبز لمدة 30 دقيقة ثم اقلبها على طبق مزخرف وهي لا تزال ساخنة.

e) قدميها وهي لا تزال دافئة مع الكريمة المخفوقة.

59. تارت التفاح والقرفة

يصنع: 10 حصص

مكونات:
- 1½ كوب شوفان
- 1 ملعقة كبيرة قرفة.
- نصف ملعقة صغيرة قرفة.
- نصف كوب عصير تفاح
- 2 تفاح كبير مقشر / شرائح
- 1 ملعقة صغيرة عصير ليمون
- نصف كوب ماء بارد
- عبوة واحدة من الجيلاتين غير المنكه
- 2 كوب زبادي خالي الدسم
- نصف كوب عسل
- نصف ملعقة صغيرة من مستخلص اللوز

تعليمات:

a) سخني الفرن إلى 350. حضري طبق فطيرة برذاذ الطبخ. في وعاء ، يُمزج الشوفان مع ملعقة كبيرة من القرفة.

b) قلبي نصف كوب من عصير التفاح. اضغط على الجزء السفلي من لوحة الفطيرة. اخبزيها لمدة 5 دقائق أو حتى تنضج. رائع. في وعاء ، تخلط شرائح التفاح مع عصير الليمون. رتبيها على عجينة مبردة في مقلاة وضعيها جانباً.

c) في مقلاة ، يُمزج الماء مع نصف كوب من عصير التفاح المتبقي. يرش الجيلاتين فوق خليط الماء. دعه يقف لمدة 3 دقائق حتى ينعم.

d) يُطهى ويُحرّك على نار متوسطة حتى يذوب الجيلاتين تمامًا ؛ ازالة من الحرارة. يُضاف الزبادي والعسل ومقدار نصف ملعقة صغيرة من القرفة ومستخلص اللوز ؛ تخلط جيدا.

e) يُسكب فوق التفاح في القشرة. يبرد لعدة ساعات أو بين عشية وضحاها.

60. تارت التفاح بالتوت البري مقلوب

يجعل: 1

مكونات:

- نصف كوب سكر
- 3 ملاعق كبيرة ماء
- 6 تفاح مقشر ومنزوع البذور ومقطع إلى شرائح رقيقة
- 1 كوب توت بري
- 3 ملاعق كبيرة سكر
- 1 ملعقة كبيرة زبدة
- 1 قشرة فطيرة غير مخبوزة

تعليمات:

a) ينضج نصف كوب سكر و 3 ملاعق كبيرة ماء في قدر صغير مغطى لمدة 5 دقائق. انزع الغطاء واتركه يغلي حتى يصبح كراميل سميكًا ذهبيًا.

b) يُرفع عن النار فورًا حتى لا يحترق الكراميل. تصب في طبق زجاجي أو معدني مقاس 10 بوصات. دوامة لتغطية القاع.

c) قم بتداخل ثلث شرائح التفاح على الكراميل.

d) يُضاف ثلث التوت البري ويُرش بملعقة كبيرة من السكر. كرر مرتين مع ما تبقى من الفاكهة والسكر ، منقطة بالزبدة.

e) ضع المعجنات بشكل غير محكم على الفاكهة. اخبز في 400 لمدة 30 دقيقة. يُرفع إلى الرف ويبرد لمدة 5 دقائق. قم بإمالة طبق الفطيرة فوق الوعاء واسكب أي عصائر متراكمة. اقلب طبق التقديم فوق الفطيرة. اقلب كلاهما معًا.

f) ارفع لوحة الفطيرة. قدمي التورتة دافئة مع آيس كريم الفانيليا.

61. تارت التفاح والتوت

يصنع: 8 حصص

مكونات:
- 1 كوب دقيق لجميع الأغراض
- نصف ملعقة صغيرة ملح
- نصف كوب سمن
- 2 ملاعق كبيرة ماء بارد تصل إلى 3
- 1 بيضة؛ منفصل
- 23 أونصة من صلصة التفاح
- 1 كوب من توت العليق الطازج أو 10 أونصات من البقسماط. مجمدة. مذاب ، استنزاف
- 2 ملاعق كبيرة سكر
- نصف ملعقة صغيرة قرفة
- كوب دقيق متعدد الاستعمالات
- نصف كوب سكر بني معبأ بإحكام
- نصف ملعقة صغيرة قرفة
- نصف كوب سمن أو زبدة ؛ خففت

تعليمات:
a) سخني الفرن إلى 400 درجة فهرنهايت.
b) في وعاء ، اخلطي الدقيق والملح. باستخدام خلاط المعجنات أو 2 سكاكين ، قطع السمن في خليط الدقيق حتى تصبح الجزيئات بحجم حبة البازلاء الصغيرة.
c) يضاف الماء تدريجياً مع التقليب بالشوكة حتى يبلل الخليط.
d) اجمع المعجنات في شكل كرة. تسطيح الكرة. افردها على سطح مرشوش بالدقيق من المركز إلى الحافة في دائرة أكبر 1½ بوصة. من. صينية. التورتة. المقلوبة مقاس 9 بوصات.
e) أضعاف العجين في النصف. ضع في المقلاة. تتكشف. اضغط في أسفل وأعلى جوانب المقلاة. تقليم الحواف إذا لزم الأمر.
f) اخبز في 400F لمدة 5 دقائق. أخرجه من الفرن خفض درجة حرارة الفرن إلى 375 فهرنهايت. في وعاء ، اخفقي بياض البيض. ادهن السطح الكامل للقشرة المخبوزة جزئيًا. احتفظ بالصفار للتعبئة.
g) في وعاء ، اخلطي صلصة التفاح والتوت والسكر ونصف ملعقة صغيرة من القرفة وصفار البيض. تصب في مقلاة مبطنة بالمعجنات.

h) في وعاء ، اخلطي جميع **مكونات التزيين.** يرش خليط الفاكهة. اخبزيها في درجة حرارة 375 فهرنهايت لمدة 40 إلى 50 دقيقة أو حتى تصبح الطبقة العلوية ذهبية اللون.

i) رائع؛ قم بإزالة جوانب المقلاة. تقدم مع الكريمة المخفوقة.

62. تارت التوت باللبن

يجعل: 1 حصة

مكونات:

صدَفَة

- 1½ كوب دقيق لجميع الأغراض
- نصف كوب سكر
- نصف ملعقة صغيرة ملح
- ¼ رطل من الزبدة الباردة ؛ قطع بت
- 1 بيضة كبيرة تغلب مع
- 2 ملاعق كبيرة ماء مثلج
- الأرز الخام؛ لوزن القشرة

حشوة حليب الزبدة

- 1 كوب زبدة
- 3 صفار بيض كبير
- نصف كوب سكر
- 1 ملعقة كبيرة قشر الليمون. صر
- 1 ملعقة كبيرة عصير ليمون طازج
- عصا زبدة غير مملحة. تذوب ، بارد
- 1 ملعقة صغيرة فانيليا
- نصف ملعقة صغيرة ملح
- 2 ملاعق كبيرة دقيق لجميع الأغراض
- 2 كوب من العنب البري انتقاء
- حلواني سكريات

تعليمات:

صدَفَة

a) في وعاء ، اخلطي الدقيق والسكر والملح معًا. أضيفي الزبدة واخلطي حتى يصبح المزيج مثل الوجبة الخشنة. يُضاف مزيج الصفار ، ويُقلب حتى يتجانس السائل ، ويُشكل العجين في قرص. ترش العجينة بالدقيق وتبريد ملفوفة في غلاف بلاستيكي لمدة ساعة. افردي العجينة بسمك ⅛ "على سطح مرشوش بالدقيق وتوضع في قالب تارت 10 بوصات مع حافة مخددة قابلة للإزالة.

b) قشر البرد لمدة 30 دقيقة على الأقل أو مغطى طوال الليل.

c) سخني الفرن على 350 درجة.

d) غلف القشرة بورق قصدير واملأها بالأرز. اخبزي القشرة في منتصف الفرن لمدة 25 دقيقة.

e) تُرفع القصدير والأرز بحذر وتُخبز القشرة لمدة 5 دقائق أخرى ، أو حتى يصبح لونها ذهبيًا شاحبًا. قشرة باردة في مقلاة على رف.

حشوة

f) في الخلاط أو المعالج ، اخلطي مكونات الحشوة حتى تصبح ناعمة. انشر العنب البري بالتساوي في قاع القشرة.

g) تُسكب حشوة اللبن على التوت وتُخبز في منتصف الفرن لمدة 30 إلى 35 دقيقة أو حتى تنضج تمامًا.

h) قم بإزالة حافة المقلاة وقم بتبريد التورتة تمامًا في المقلاة الموجودة على الرف. يُنخل سكر الحلويات فوق التورتة ويُقدم في درجة حرارة الغرفة. أو يُبرد مع آيس كريم التوت الأزرق. المصدر: Conde Nast's Gourmet's Weekends.

63. تارت فواكه مشكلة

يصنع: 8 حصص

مكونات:
- نصف كوب زبيب
- نصف كوب ماء مغلي
- 8 شرائح خبز أبيض
- 1½ كوب 1% حليب قليل الدسم ، مقسم
- 1 كوب كمثرى مقشرة ومقطعة
- 2 ملعقة طعام دقيق
- نصف كوب + 2 تيرابايت. سكر مقسم
- 2 ملعقة طعام نشا الذرة
- 1 ملعقة صغيرة قشر الليمون المبشور
- 3 بيض مخفوق بخفة
- نصف كوب عنب أحمر خالي من البذور نصفين
- 2 ملاعق صغيرة إكليل الجبل الطازج المفروم
- 2 ملاعق صغيرة زيت الزيتون

تعليمات:
a) يُمزج الزبيب مع الماء المغلي ؛ دعه يقف لمدة 15 دقيقة. يُصفّى ويُترك جانباً.
b) تقليم القشور من الخبز. قطع كل شريحة إلى 4 مثلثات. ضع طبقة واحدة في طبق خبز 13 × 9 × 3. صب نصف كوب حليب فوق الخبز واتركه لمدة 5 دقائق.
c) رتبي مثلثات الخبز بعناية في قاع طبق كيشي مقاس 10 بوصات مغطى برذاذ الطهي.
d) قمة مع التفاح والكمثرى.
e) ضعي الدقيق في وعاء ، ثم أضيفي الحليب المتبقي تدريجيًا مع التحريك بمضرب خفق سلكي حتى يمتزج.
f) أضيفي السكر ودقيق الذرة وقشر الليمون والبيض. يقلب جيدا.
g) يُسكب مزيج الحليب فوق التفاح والكمثرى ؛ يُغطى بالزبيب والعنب ، ويُرش بإكليل الجبل.
h) رش الزيت فوق الخليط. يرش السكر المتبقي.
i) اخبزيها على درجة 350 فهرنهايت لمدة 50 دقيقة أو حتى تنضج ؛ تبرد على رف السلك. مقطعة إلى أسافين.

64. فطائر فواكه العيد

يصنع: 10 حصص

مكونات:

- 3 أكواب الزبادي العادي الخالي من الدسم
- رذاذ الطبخ
- 1¾ كوب شوفان عادي غير مطبوخ
- نصف كوب سكر بني معبأ بقوة
- 2 ملعقة طعام طحين لجميع الاستخدامات
- نصف كوب فاكهة توت العليق القابلة للدهن
- 6 ملاعق كبيرة مارجرين ذائبة
- 12 أوقية من الجبن الكريمي قليل الدسم ، طري
- 6 ملاعق كبيرة سكر
- 1½ ملعقة كبيرة قشر الليمون المبشور
- 1½ ملعقة كبيرة عصير ليمون
- 2 كوب توت العليق المجمد مذاب ومصفى

تعليمات:

a) ضع الزبادي في مصفاة مبطنة بفلتر القهوة ؛ ضعه فوق وعاء وقم بتغطيته بغلاف بلاستيكي. ضعيها في الثلاجة وصفيها لمدة 12 ساعة.

b) سخن الفرن إلى 350 درجة فهرنهايت ؛ رش عشرة قوالب تارتليت بحجم 4 بوصات مع PAM في وعاء محضر الطعام ، قم بمعالجة الشوفان والسكر البني والدقيق حتى يصبح ناعماً.

c) أضف السمن. العملية حتى تتحد. ضعي 3 ملاعق كبيرة من خليط الشوفان في كل صينية تارتليت. اضغطي بالتساوي على الجوانب السفلية و "الأعلى ، ضعي قوالب التارتليت على ورقة جيلي رول ، اخبزيها لمدة 15-17 دقيقة أو حتى تصبح ذهبية اللون ، تبرد تمامًا على رفوف سلكية.

d) في وعاء ، اخفقي جبنة الكريمة حتى تصبح ناعمة. يُضاف الزبادي المصفى والسكر وقشر الليمون والعصير. ملعقة بالتساوي في القشور المعدة. ضعي ملعقتين كبيرتين من صلصة الفاكهة ، غطيها واتركيها تبرد لمدة 3 ساعات على الأقل.

e) صلصة الفاكهة: في قدر متوسط الحجم ، حركي جميع الفاكهة على نار خفيفة حتى تصبح ناعمة. يقلب في الفاكهة.

65. تارت فواكه قوس قزح

يصنع: 8 حصص

مكونات:
- ½ تقديم من العجين الحلو للفطائر والتارت

حشوة الشوكولاتة البيضاء
- نصف كوب كريمة ثقيله
- 10 أونصات شوكولاته بيضاء
- 1 ملعقة طعام كيرش أو رم أبيض

التشطيب
- 1 لتر فراولة
- 2 كيوي
- نصف لتر توت العليق
- شرائح اللوز المحمص أو المفروم
- فستق
- حلواني سكريات

تعليمات:

a) لتحضير القشرة اللاذعة ، سخني الفرن مسبقًا على درجة 350 درجة وضعي الرف في المستوى المتوسط. زبدة قالب التارت. على سطح مرشوش بالدقيق، تُلف العجينة وتُبطن بها صينية تارت مقاس 9 بوصات. اثقبي العجينة بأسنان الشوكة وغطيها بقطعة من ورق البرشمان أو ورق مشمع.

b) املأ بالفاصوليا الجافة. تُخبز القشرة اللاذعة لحوالي 20 إلى 30 دقيقة ، حتى تجف وتتحول إلى لون ذهبي عميق. قم بتبريد القشرة اللاذعة على الرف.

c) لحشوة الشوكولاتة ، يُغلى الكريم في قدر متوسطة الحجم على نار خفيفة.

d) يرفع عن النار ويضاف الشوكولاتة دفعة واحدة. رجّ المقلاة حتى تغمر الشوكولاتة بالكامل واتركها لمدة 3 دقائق لإذابة الشوكولاتة.

e) أضيفي المسكرات واخفقيها على نحو سلس. اسكبي الحشوة في وعاء وضعيها في الثلاجة لمدة 20 دقيقة تقريبًا حتى تصبح كثيفة ، ولكن ليست صلبة ، مع التحريك من حين لآخر أثناء التبريد.

f) اخفقي الحشوة قليلاً لجعلها ناعمة بما يكفي للدهن.

g) وزعي الحشوة بالتساوي في قشرة التورتة المبردة.

h) رتبي الفاكهة في صفوف متحدة المركز على حشوة الشوكولاتة مع الضغط عليها قليلاً.

i) لفك التورتة ، ضع القالب اللاذع على علبة أو علبة كبيرة واترك جانب المقلاة يسقط بعيدًا.

j) حركي التورتة من قاع المقلاة إلى طبق كبير مسطح القاع.
k) مباشرة قبل التقديم ، ضعي اللوز أو الفستق على التورتة ورشها بسكر الحلويات.

60. تارت كريمة الفانيليا بالفواكه

يجعل: 12 حصة

مكونات:
- نصف كوب الزبدة أو المارجرين - ملين
- نصف كوب حلواني سكريات
- 1½ كوب طحين لجميع الاستخدامات
- 10 أونصات عبوة شيبس فانيليا مذابة ومبردة
- نصف كوب كريمة خفق
- 8 أونصات عبوة جبن كريمة طرية
- 1 لتر من الفراولة الطازجة ، مقطعة إلى شرائح
- 1 كوب توت طازج
- 1 كوب التوت الطازج
- نصف كوب عصير أناناس
- نصف كوب سكر
- 1 ملعقة طعام نشا الذرة
- نصف ملعقة صغيرة عصير ليمون

تعليمات:
a) في وعاء ، كريمة الزبدة وسكر الحلويات. يخفق في الدقيق.
b) بات في قاع 12 بوصة مدهون مقلاة بيتزا.
c) اخبزيها في درجة حرارة 300 لمدة 25-28 دقيقة أو حتى يصبح لونها بني فاتح.
d) رائع. في وعاء آخر ، اخفقي الرقائق المذابة والقشدة.
e) أضف الجبن الكريمي فوز حتى تصبح ناعمة. ينتشر فوق القشرة. يبرد لمدة 30 دقيقة.
f) رتبي التوت فوق الحشوة. في قدر ، يُمزج عصير الأناناس والسكر ونشا الذرة وعصير الليمون ؛ يغلي المزيج على نار متوسطة الحرارة.
g) يغلي لمدة دقيقتين أو حتى يتماسك مع التحريك باستمرار.
h) رائع؛ فرشاة على الفاكهة. تبرد لمدة ساعة قبل التقديم. احفظه في الثلاجة.

67. تارت فواكه باريسيان

يجعل: 6 حصص

مكونات:
- عبوة 10 أونصات من قشور الفطائر المجمدة
- سكر
- 1 كوب لبن
- 1 كوب كريمة ثقيله
- عبوة 4 أونصات من مزيج حلوى ناعم بنكهة الفانيليا
- 2 موز
- 2 ملعقة طعام عصير ليمون
- نصف كوب مربى المشمش
- 2 كوب عنب أخضر بدون بذور مغسول
- 8 أونصات أناناس مقطعة إلى شرائح ، مصفاة.

تعليمات:

a) قم بإزالة قذائف الفطيرة من العبوة. قم بإذابة الثلج في درجة حرارة الغرفة لمدة نصف ساعة.

b) توضع دوائر العجين متداخلة قليلاً وطولاً على سطح مرشوش قليلاً بالدقيق. قم باللف إلى مستطيل مقاس 16 × 4 بوصة.

c) ضعها على ورقة كبيرة غير مدهونة ؛ تقليم الحواف بالتساوي. وخز جيدا بالشوكة. يبرد لمدة 30 دقيقة.

d) زركشة ريول رقيقة ؛ مقطعة إلى شرائح عريضة يبلغ طولها حوالي 4 بوصات ؛ فرشاة بالماء اضغط على الأطراف معًا لعمل حلقات.

e) يُفرش الحلقات بالماء ثم تُغمس في السكر ؛ ضعه على ورقة. البسكويت مع مستطيل المعجنات.

f) تُخبز المعجنات وحلقاتها في الفرن على حرارة 400 درجة لمدة 10 دقائق. حلقات احتياطي للزينة.

g) تُخبز العجينة المستطيلة لمدة 10 دقائق أو حتى يصبح لونها بنياً ذهبياً.

h) إزالة إلى رف الأسلاك. رائع.

i) يُمزج الحليب مع نصف كوب من الكريمة ومزيج الحلوى في وعاء عميق صغير ؛ فاز ، باتباع **تعليمات التسمية** . يبرد لمدة 15 دقيقة.

j) قشر وقطع الموز إلى شرائح بسماكة 2 سم. يرش نصف عصير الليمون.

k) قسّم العجينة إلى طبقتين.

l) ضع الطبقة السفلية على طبق أو لوح تقديم طويل ؛ تُدهن بحوالي نصف قطعة حلوى طرية ؛ رتب شرائح الموز على حواف جانبية طويلة ؛ يُدهن مع خليط الحلوى المتبقي.

m) ضع طبقة ثانية من المعجنات.

n) يُسخن المشمش مع عصير الليمون المتبقي حتى يذوب في مقلاة ؛ بارد قليلا. امسح التورتة بالفرشاة.

o) يخفق الكريم المتبقي حتى يتجمد في وعاء.

p) افردي أو انشر الكريمة المخفوقة على سطح المعجنات.

q) رتبي صفوفًا مرتبة من العنب في الكريمة ، بدءًا من الأطراف الخارجية.

r) قطعي شرائح الأناناس إلى نصفين وضعيها في المنتصف.

s) تُزين بحلقات المعجنات المحفوظة.

68. تارت الفاكهة البيضاء الممتاز

يجعل: 1 حصة

مكونات:
- معجنات لقشرة واحدة ؛ 9 إنش فطيرة
- نصف كوب سكر حبيبات
- نصف كوب طحين لجميع الاستخدامات
- 3 صفار البيض
- 1 كوب لبن
- عبوة 6 أونصات من ألواح الخبز البيضاء ، مفرومة
- 1 ملعقة صغيرة خلاصة الفانيليا
- نصف كوب مربى المشمش؛ دافئ
- 2 فاكهة الكيوي؛ مقشرة ومقطعة
- 1 كوب توت العليق
- أوراق الشجر البيضاء الممتازة ، اختيارية

تعليمات:

a) خط تارت 9 بوصة مع المعجنات. تقليم الحواف.

b) وخز المعجنات بالشوكة. تُخبز في فرن مسخن مسبقًا بدرجة حرارة 425 درجة فهرنهايت لمدة 10 إلى 12 دقيقة حتى تتحول القشرة إلى اللون البني الفاتح. تبرد لدرجة حرارة الغرفة.

c) يُمزج السكر والدقيق في مقلاة ؛ يقلب في صفار البيض والحليب.

d) يُطهى على نار متوسطة مع التحريك باستمرار حتى يغلي المزيج.

e) خفض الحرارة. يُترك على نار خفيفة مع التحريك باستمرار لمدة 3 دقائق حتى يصبح المزيج كثيفًا وناعماً. ازالة من الحرارة.

f) أضف قوالب الخبز والفانيليا. حرك حتى يصبح ناعما.

g) اضغط على الغلاف البلاستيكي مباشرة على سطح الحشوة ؛ البرد تماما.

h) قم بإزالة القشرة اللاذعة من المقلاة. فرشاة المربى على القاع ؛ دعه يقف لمدة 5 دقائق.

i) ينتشر بالحشوة. رتب الفاكهة في الأعلى. برد. تُزين بأوراق الشجر البيضاء الممتازة ، إذا رغبت في ذلك.

تارت الخضار

69. تارت بطاطس جبال الألب

يصنع: 10 حصص

مكونات:
- 7 حبات بطاطس ايداهو كبيرة
- 3 أكواب جبن سويسري مبشور
- 3 أكواب كريمة ثقيلة
- 3 ملاعق صغيرة ثوم مفروم
- 1 ملعقة طعام ملح
- 2 ملاعق صغيرة من الفلفل الأسود الطازج
- 1 ملعقة كبيرة أوراق زعتر طازجة مفرومة.
- 1 ملعقة صغيرة زبدة طرية
- سخن الفرن على 300 درجة فهرنهايت.

تعليمات:

a) قشر البطاطس وقطعيها إلى شرائح بسمك 2 سم. اجلس جانبا.

b) في وعاء، اخلطي شرائح البطاطس مع نصف كمية الجبن المبشور والقشدة والثوم والملح والفلفل والزعتر. تخلط حتى تمتزج جيدا.

c) دهن صينية كيك مربعة الشكل 9 إنش أو طبق خزفي بالزبدة اللينة في الأسفل والجوانب. ضعي مزيج البطاطس في قاع المقلاة واضغطي بقوة كما تضيفين. عندما يصبح الخليط كله في المقلاة، تأكد من تعبئته بإحكام. ضعي النصف المتبقي من الجبن فوقها.

d) اخبزيها في الفرن المسخن مسبقًا حتى يصبح لونها بنياً ذهبياً، لمدة 1½4 ساعة. أخرجي البطاطس من الفرن واتركيها ترتاح لمدة 15 دقيقة قبل تقطيعها. قطع إلى مربعات من 2 إلى 3 بوصات.

70. تارت الخرشوف

يصنع: 8 حصص

مكونات:

- 1 قشرة فطيرة مخبوزة عمياء في 10 فلوت ؛ د
- 1 قالب تارت
- 2 ملاعق كبيرة زيت زيتون
- 1 أونصة بانسيتا جوليينيد
- نصف كوب بصل مفروم
- 2 ملاعق كبيرة كراث مفروم
- 6 أوقية قلوب خرشوف جوليينيد
- 1 ملعقة كبيرة ثوم مفروم
- نصف كوب كريمة ثقيلة
- 3 ملاعق كبيرة شيفونيد من الريحان الطازج
- 1 عصير ليمونة
- ربع كوب جبن بارميجيانو ريجيانو مبشور
- ربع كوب جبن أسياجو مبشور
- 1 ملح ليتذوق
- 1 فلفل أسود مطحون طازجًا ؛ ليتذوق
- 1 كوب صلصة الطماطم العشبية. دافيء
- 1 ملعقة كبيرة ريحان شيفوناد
- 2 ملاعق كبيرة جبن بارميزان مبشور

تعليمات:

a) سخني الفرن على 350 درجة.
b) في مقلاة ، سخني زيت الزيتون.
c) اقلي البانسيتا لمدة دقيقة واحدة.
d) يُضاف البصل والكراث ويُقلى لمدة 2 إلى 3 دقائق.
e) أضيفي القلوب والثوم واستمري في القلي لمدة دقيقتين.
f) أضف الكريمة. يتبل بالملح والفلفل. أضيفي الريحان وعصير الليمون.
g) إزالة من الحرارة وبارد. انشر خليط الأرضي شوكي في قاع صينية التورتة. رشي الجبن فوق الخليط.
h) اخبزيها لمدة 15 إلى 20 دقيقة أو حتى تذوب الجبن ويصبح لونها بنياً ذهبياً. ضعي بركة من الصلصة في وسط الطبق. ضعي شريحة من التارت في وسط الصلصة.
i) تزين بالجبن المبشور والريحان.

7. تارت فطيرة الجبن Pumpkin pie

يجعل: 1

مكونات:

القشرة

- كوب دقيق لوز
- نصف كوب وجبة بذور الكتان
- نصف كوب زبدة
- 1 ملعقة صغيرة بهار فطيرة اليقطين
- 25 قطرة سائل ستيفيا

الحشوة

a) 6 أونصات من الجبن النباتي
b) كوب يقطين هريس
c) 2 ملاعق كبيرة كريمة حامضة
d) ربع كوب فيجان هيفي كريم
e) 3 ملاعق كبيرة زبدة
f) ¼ ملعقة صغيرة بهار فطيرة اليقطين
g) 25 قطرة سائل ستيفيا

تعليمات:

a) امزج كل القشرة المكونات الجافة ويقلب جيدا.
b) اهرسي ملف المكونات الجافة مع الزبدة و الستيفيا السائلة حتى تتشكل عجينة.
c) لعمل قوالب التورتة الصغيرة ، قم بلف العجين إلى كرات صغيرة.
d) اضغطي العجينة على جانب قالب التورتة حتى تصل إلى الجوانب وتصعد.
e) تُمزج جميع مكونات الحشوة في وعاء.
f) امزج مكونات الحشوة باستخدام خلاط الغمر.
g) بمجرد أن تصبح مكونات الحشوة ناعمة ، وزعيها في القشرة واتركها تبرد .
h) أخرجيها من الثلاجة وقطعيها وضعيها فوقها بالكريمة المخفوقة إذا رغبت في ذلك.

72. فطائر الخضار المشوية

يجعل: 1 حصة

مكونات:

- 450 جرام بطاطا؛ مقشر ، مبشور ،
- 1 حبة كبيرة الجزر الأبيض؛ مقشر ومبشور
- 50 جرام من الدقيق العادي
- ملح وفلفل مطحون طازج
- 3 L5ml زيت نباتي
- 2 الفلفل؛ محفور ومفرومة خشنة
- 1 كوسة؛ مقطعة إلى قطع
- 2 فصوص من الثوم؛ سحقت
- 1 بصل أحمر؛ مقطعة إلى قطع
- 2 125 جم بطاطس مغسولة جيدا
- 25 جرام بيكورينو نباتي رقائق

تعليمات:

a) سخني الفرن إلى 220 درجة مئوية / 425 درجة فهرنهايت / علامة الغاز 7
b) اخلطي البطاطس المبشورة والجزر الأبيض والدقيق. يتبل بالملح والفلفل ، ثم يُمزج مع 2 × 15 مل ملعقة كبيرة / ملعقتان كبيرتان من الزيت.
c) قسّم إلى 4 أكوام على صفيحة خبز مدهونة جيدًا وشكلها إلى أعشاش بطول 10 سم / 4 بوصات مع رفع الحواف قليلاً. غطيها بورق لاصق واتركيها تبرد لمدة 30 دقيقة.
d) في هذه الأثناء نخلط الفلفل والكوسة والثوم والبصل. قطعي البطاطس بالطول إلى أسافين متساوية وأضيفيها إلى الخضروات الأخرى.
e) نضع الخضار في الزيت المتبقي مع الملح والفلفل ثم نحمصها في الفرن لمدة 20 دقيقة.
f) اقلب الخضار. اكشف الغطاء عن الفطائر. وضعها في الفرن على ورقة. منفصلة ، واستمر في الطهي لمدة 20 دقيقة أخرى.
g) نقل الفطائر إلى أطباق التقديم وملعقة في الخضار المحمصة.
h) ضعي فوقها رقائق جبن البيكورينو وقدميها على الفور.

73. تارت بريوش بالخضار المشوي وجبن الماعز

يصنع: 8 حصص

مكونات:
- ½ أوقية خميرة طازجة
- 3 أونصات ماء دافئ
- 8 أوقية دقيق أبيض سادة قوي
- 1 أوقية سكر
- 2 بيض
- 4 أوقية زبدة غير مملحة
- 1 صغير الباذنجان
- 1 وسط كوسة
- 2 ملعقة طعام زيت الزيتون
- عبوة 15 جرام زعتر طازج
- 2 فصوص من الثوم؛ شرائح سميكة
- 1 فلفل أحمر
- 3 ½ أوقية جبن الماعز ؛ مقطع إلى شرائح
- ملح وفلفل أسود مطحون طازجًا

تعليمات:

a) سخني الفرن إلى 400 درجة فهرنهايت.

b) اخلطي الخميرة بالماء الدافئ، أضيفي 4 ملاعق كبيرة من الدقيق العادي، غطي الوعاء بغشاء بلاستيكي، واتركيها في مكان دافئ لمدة 10-15 دقيقة.

c) ضعي الدقيق المتبقي في وعاء.

d) أضيفي السكر والبيض وخليط الخميرة ورشة ملح. يخفق جيدا لمدة 5 دقائق.

e) غطي الوعاء بغشاء بلاستيكي، واتركي العجينة في مكان دافئ لمدة 30 دقيقة أو حتى يتضاعف حجم العجينة.

f) قطع الباذنجان والكوسة بالطول.

g) ضعيها على ورقة خبز وادهنها بزيت الزيتون. رش 1 فص ثوم وبعض الزعتر على الوجه. اخبزيها لمدة 10 دقائق.

h) ضع الفلفل الأحمر في صينية منفصلة، وادهنها بزيت الزيتون ورشها بالثوم والزعتر. تُخبز في الفرن لمدة 20 دقيقة حتى تصبح طرية. عندما تبرد إزالة الجلد.

i) عندما يتضاعف حجم عجينة البريوش، أعد الوعاء إلى الخلاط واخلط الزبدة المخففة تدريجيًا. أعد تغطية الوعاء بغشاء لاصق وضع الوعاء في مكان دافئ لمدة 30 دقيقة أخرى.

j) عندما يتضاعف حجم البريوش، أخرجها من الوعاء لمدة 30-40 دقيقة تقريبًا. طحين سطح العمل بقليل من الدقيق وافرد العجينة إلى سمك بوصة وضعي العجينة في قاعدة صينية غير لاصقة.

k) رتبي جبن الماعز والخضروات المشوية فوق العجينة واتركي نصف بوصة حول الحافة الخارجية. يرش بالزعتر الطازج ويتبل بالملح والفلفل الأسود الطازج المطحون.

l) تُخبز في الفرن لمدة 35 دقيقة حتى يصبح لونها بنياً ذهبياً.

m) تُرفع عن الصينية وتُدهن بما تبقى من زيت الزيتون.

74. تارت الخضار اللذيذ

يجعل: 6 حصص

مكونات:

قشرة المعجنات
- 2 كوب دقيق أبيض غير مبيض
- نصف كوب طحين القمح الكامل
- نصف ملعقة صغيرة ملح
- نصف كوب زيت نباتي
- 4 ملاعق كبيرة حليب خالي الدسم أو قليل الدسم ؛ حسب الحاجة ، ما يصل إلى 5
- 4 ملاعق صغيرة زيت الزيتون
- 2 حبة كبيرة بصل؛ مقطع إلى شرائح
- نصف ملعقة صغيرة ملح
- نصف ملعقة صغيرة فلفل أسود مطحون طازجاً
- 2 وسط كوسة؛ رقيقة شرائح
- 3 طماطم طازة؛ رقيقة شرائح

تعليمات:

a) سخني الفرن إلى 400 درجة فهرنهايت ، في وعاء ، اخلطي الدقيق والملح.

b) يضاف الزيت تدريجيًا مع تقليب الخليط بالشوكة حتى يتفتت. مع التحريك بالشوكة ، أضيفي كمية كافية من الحليب حتى يتماسك الخليط على شكل كرة. شكل على شكل قرص صغير.

c) افردي العجينة بين ورقتين من ورق الشمع في شكل دائري 12 بوصة بسماكة نصف بوصة.

d) أزل الورقة العلوية واقلب العجينة ، دون شدها ، في صينية تورتة دائرية مقاس 9 بوصات ذات قاع قابل للإزالة.

e) انزع بعناية القطعة العلوية من ورق الشمع. ضعي العجينة على طول قاع وجوانب قالب التورتة وتقليم الحواف.

f) ضع القشرة بشكل غير محكم بورق احباط واملأها بالفاصوليا المجففة أو بأوزان الفطيرة.

g) اخبزيها لمدة 15 دقيقة. أزيلي ورق القصدير والفاصوليا واخبزيها حتى يصبح لونها بنياً ذهبياً ، لمدة 15 دقيقة إضافية. نقل إلى رف سلك والسماح لتبرد. خفض درجة حرارة الفرن إلى 375 فهرنهايت.

h) في مقلاة كبيرة ، سخني الزيت على نار متوسطة.

i) يُضاف البصل ويُطهى مع التحريك من حين لآخر حتى يصبح لونه بنياً ذهبياً لمدة 15 إلى 20 دقيقة.

j) ينقل إلى القشرة وينتشر بالتساوي. يتبل بالملح والفلفل.

k) يُضاف الكوسا إلى المقلاة ويُطهى حتى يصبح لونه ذهبياً قليلاً ، حوالي دقيقتين لكل جانب.

l) رتبي شرائح الكوسة والطماطم في دوائر متناوبة فوق البصل مع رش الملح والفلفل المتبقي. اخبز حتى تنضج الطماطم ، حوالي 25 دقيقة. قدميها دافئة أو انقليها إلى رف سلكي لتبرد ثم ضعيها في الثلاجة حتى تصبح جاهزة للتقديم.

75. تارت الكاسترد بالخضار

يجعل: 1 حصة

مكونات:
- ¼ جنيه مجموعة متنوعة من الفطر البري والغريب
- 5 شرائح بصل احمر
- 5 شرائح الباذنجان
- 10 شرائح كوسة
- 10 شرائح القرع الأصفر
- نصف كوب زيت الزيتون
- ملح وفلفل أسود مطحون طازجًا حسب الرغبة
- 4 قطع كبيرة صفار البيض
- 2 كوب كريمة ثقيله
- نصف كوب بارميجيانو ريجيانو مبشور حديثًا جبنه
- 1 ملعقة طعام أوراق البقدونس الطازجة المفرومة
- 1 اندفاعة صلصة رسيستيرشاير
- 1 اندفاعة من الصلصة الحارة
- ½ عجينة الفطيرة الأساسية ؛ توالت

تعليمات:
a) سخني الفرن على 400 درجة.
b) نضع الفطر والخضروات في وعاء ونضيف زيت الزيتون وتتبل بالملح والفلفل. إرم إلى معطف.
c) انشر الخضار بالتساوي على صينية خبز كبيرة وشويها حتى تصبح ذهبية اللون ، حوالي 20 دقيقة.
d) نخرجه من الفرن ونتركه يبرد.
e) نخفض درجة حرارة الفرن إلى 350 درجة.
f) في وعاء آخر ، يُمزج صفار البيض مع الكريمة الثقيلة ويخفق جيدًا. يُضاف الجبن ، البقدونس ، ورشيسترشاير ، والصلصة الحارة ، ويتبل بالملح والفلفل.
g) خفقت للمزج.
h) قم بتبطين مقلاة عميقة مقاس 10 بوصات بقشرة الفطيرة وقم بتجعيد الحواف.
i) ضعي طبقة من الباذنجان ثم الكوسة والكوسا والفطر والبصل في قاع المقلاة.
j) يُسكب مزيج البيض بالتساوي على الوجه.
k) اخبزيها حتى يتماسك المركز ويصبح الجزء العلوي ذهبيًا ، حوالي 50 دقيقة.
l) أخرجيها من الفرن واتركيها تبرد لمدة 5 دقائق قبل تقطيعها للتقديم.

قطع الجبن

76. تارت الجبن الألزاسي

يصنع: 10 حصص

مكونات:
- 4 أكواب طحين الكيك
- نصف كوب سكر
- 2½ أعواد زبدة حلوة
- 1 بيضة كاملة
- 16 أوقية من جبن الريكوتا
- نصف كوب كريمة ثقيلة
- 4 بيضات كبيرة مفصولة
- اندفاعة عصير ليمون طازج
- رشة حبوب الفانيليا الطازجة أو
- 2 قطرات إلى 3 قطرات من خلاصة الفانيليا
- 2 ملاعق كبيرة كيرش
- نصف كوب إلى 1 كوب سكر
- نصف ملعقة صغيرة قرفة. مطحونة
- 1 ملعقة صغيرة فانيليا
- قشر ليمون مبشور

تعليمات:
a) تخلط جميع المكونات جيدًا، دون الإفراط في إرهاق العجين. اترك العجين يرتاح لمدة 30 دقيقة قبل الاستخدام.
b) يسخن الفرن إلى 375 درجة فهرنهايت. افردي العجينة على سطح مرشوش بالدقيق وبطني قاع وجوانب قالب تارت / فطيرة مقاس 9 بوصة إلى 10 بوصات بالعجين.
c) اخفقي الريكوتا والقشدة معًا في وعاء. يضاف صفار البيض والسكر والقرفة والفانيليا والكرش وقشر الليمون. تخلط جيدا حتى تصبح ناعمة جدا.
d) يخفق بياض البيض حتى يتجمد ويقلب برفق في الخليط.
e) صب الخليط في مقلاة مبطنة بالمعجنات.
f) اخبزيها لمدة 40 إلى 45 دقيقة، أو حتى تنتفخ قليلاً وتصبح بنيّة جداً. تبرد اللاذعة تمامًا، ثم تبرد لعدة ساعات قبل تقطيعها.

77. أماريتو فطائر الجبن

يجعل: 24 حصة

مكونات:
- كوب بذور عباد الشمس أو لوز مطحون ناعماً
- 8 أونصات من الجبن الكريمي
- 1 بيضة
- كوب جوز هند مبشور غير محلى
- 2 ملاعق كبيرة عسل
- 2 ملاعق كبيرة أماريتو ليكيور

تعليمات:
a) ضع أكواب علبتي مافن ببطانات ورقية.
b) امزج بذور عباد الشمس مع جوز الهند.
c) ضع 1 ملعقة صغيرة من هذا الخليط في كل بطانة.
d) اضغط على الجزء الخلفي من الملعقة لتغطية القيعان.
e) يسخن الفرن إلى 325 فهرنهايت.
f) لعمل الحشوة ، قطعي الجبنة الكريمية إلى 8 كتل واخلطيها مع البيض والعسل والأماريتو في محضر طعام أو خلاط أو وعاء حتى تصبح ناعمة ودسمة.
g) ضعي ملعقة كبيرة من الحشوة في كل كوب تارتليت واخبزيها لمدة 15 دقيقة

78. تارت الجبن البلجيكي

يصنع: 8 حصص

مكونات:
- كعكة الغريبة
- نصف كيلو جبن كريمي
- 3 ملاعق كبيرة حلواني سكريات
- 1 ملعقة صغيرة عصير ليمون
- 2 بيض؛ كبير
- نصف كوب كريمة ثقيله

تعليمات:

a) سخني الفرن إلى 350 درجة فهرنهايت، في وعاء، اخفقي الجبن والسكر وعصير الليمون معًا حتى يصبح الخليط خفيفًا ورقيقًا. يضاف البيض، واحدًا تلو الآخر، بالضرب جيدًا بعد كل إضافة. اضرب حتى يصبح ناعمًا جدًا بعد الإضافة الأخيرة.

b) يُضاف الكريمة ويُسكب المزيج في القشرة المُعدّة.

c) ادهن الجزء العلوي من التورتة بالبيض وسكر الحلويات المخفوق معًا.

d) اخبزيها لمدة 25 دقيقة أو حتى تنضج. تبرد لدرجة حرارة الغرفة. ثم تبرد قبل التقديم.

79. تارت الفلفل والجبن

يجعل: 6 حصص

مكونات:

- 1½ كوب طحين لجميع الاستخدامات
- 1 ملعقة صغيرة سكر
- نصف ملعقة صغيرة ملح
- كوب زبدة مبردة غير مملحة ، مقطعة إلى قطع
- 4 ملاعق كبيرة ماء مثلج
- 10 رماح الهليون ، مقلمة ومقطعة إلى قطع 1 بوصة
- 3 ملاعق كبيرة زيت الزيتون
- 2 فليفلة حمراء مقطعة إلى شرائح بحجم عود الثقاب
- 2 فليفلة خضراء مقطعة إلى شرائح بحجم عود الثقاب
- 2 صغير الكراث ، مقطعة إلى شرائح بحجم عود الثقاب
- 1 كوب جبن غروير مبشور
- 1 كوب جبنة موزاريلا مبشورة

تعليمات:

للقشرة:

a) اخلطي الدقيق والسكر والملح في محضر الطعام.
b) أضيفي الزبدة وقطعيها باستخدام تشغيل / إيقاف تشغيل حتى يشبه الخليط وجبة خشنة.
c) اخلطي كمية كافية. من الماء بملعقة كبيرة حتى يبدأ العجين في التكتل معًا.
d) اجمع العجين في شكل كرة. تتسطح في قرص.
e) غلفي بالبلاستيك وضعيه في الثلاجة لمدة ساعة.
f) يسخن الفرن إلى 350 درجة فهرنهايت.
g) دهن صينية تورتة قطرها 9 إنش بقاعدة قابلة للإزالة.
h) افردي العجين على سطح عمل مرشوش بالقليل من الدقيق حتى يصل سمكه إلى نصف بوصة. انقل العجينة إلى صينية التارت المعدة. تقليم الحواف.
i) جمد لمدة 15 دقيقة. ضع القشرة بورق القصدير. املأ بالفاصوليا المجففة. اخبزيها لمدة 15 دقيقة.
j) أزل رقائق القصدير والفاصوليا.
k) اخبزيها حتى تصبح ذهبية اللون قليلاً ، حوالي 15 دقيقة.

لملء:

l) احضر قدرًا كبيرًا من الماء ليغلي. يضاف الهليون ويقلب لمدة دقيقتين. بالُوعَة. ينقل إلى وعاء من الماء المثلج ويبرد.

m) بالُوعَة. سخني الزيت في مقلاة كبيرة ثقيلة على نار عالية. يُضاف الفلفل الحلو والكراث ويُقلى حتى يصبح طريًا ، حوالي 10 دقائق.

n) انقله إلى وعاء. اخلطي الهليون.

o) يسخن الفرن إلى 350 درجة فهرنهايت. امزج Gruyere مع الخضار.

p) انقل الخليط إلى القشرة.

q) رشي جبنة الموزاريلا. تُخبز التورتة حتى تذوب الجبن ، حوالي 10 دقائق. يقدم ساخنا.

80. تارت الجبن بالفطور.

يجعل: 1 حصة

مكونات:

- عجينة فطيرة 9 بوصات ؛ استخدم فطيرة الأساسية
- 8 أونصات الجبن السويسري أو الجارلسبرغ. مقطعة إلى قطع
- 1 باوند جبنة ريكوتا
- 3 بيض
- 1 وسط بصلة؛ ناعم المفروم
- 2 فصوص من الثوم؛ ضغط
- نصف ملعقة صغيرة الفلفل الأبيض
- 2 وسط طماطم ناضجة كبيرة الحجم مقشرة ومقطعة رقيقة
- 1 ملعقة صغيرة زيت الزيتون البكر الممتاز
- 1 ملعقة طعام الثوم المعمر الطازج المقص
- 1 ملعقة طعام بقدونس مفروم
- 1 ملعقة صغيرة زعتر طازج مفروم
- 1 ملعقة صغيرة ريحان طازج مفروم

تعليمات:

a) سخني الفرن على حرارة 450 درجة. استخدم قالب تورتة 9 بوصة × 1 بوصة بقاعدة قابلة للإزالة. رش جيداً برذاذ الطبخ أو الشحم بكميات وفيرة.

b) اضغط على المعجنات لتناسب المقلاة. قم بالقص بسلاسة على بعد حوالي 1 بوصة من حافة المقلاة ، ثم قم بطيها مرة أخرى على الحافة وتجعيدها للحصول على حافة مخددة جذابة وقوية.. قم بتغطية المقلاة بورق الألمنيوم الذي قمت برشه برذاذ الطهي على كلا الجانبين ، ثم ضع صينية فطيرة زجاجية مقاس 8 أو 9 بوصات داخل ورق الألمنيوم.

c) اقلب المجموعة رأسًا على عقب على ورقة البسكويت واخبزيها لمدة 9 دقائق. يُرفع القدر عن الفرن ويُقلب ويُرفع الصفيحة الدائرية والرقائق المعدنية.

d) يُعاد إلى الفرن ويُخبز لمدة 5 دقائق أطول. تخرج من الفرن وتوضع جانبا. خفض درجة حرارة الفرن إلى 350 درجة. في خلاط أو وعاء عمل من محضر الطعام ، اخلطي الجارلسبرغ والريكوتا والبيض والبصل والثوم والفلفل.

e) يحرك الخليط حتى يصبح ناعمًا وممزوجًا جيدًا. يُسكب بالتساوي في القشرة المخبوزة ، ضع المقلاة على صينية البسكويت. اخبزيها لمدة 25 إلى 30 دقيقة حتى تنضج الحشوة جزئياً. في هذه الأثناء ، صفي شرائح الطماطم على مناشف ورقية. أخرج التورتة من الفرن.

f) رتبي شرائح الطماطم في الأعلى حول الحافة. يُعاد إلى الفرن ويُخبز لمدة 30 إلى 35 دقيقة ، حتى تخرج السكين من المنتصف نظيفة. ادهني الطماطم بزيت الزيتون ورشيها بالأعشاب الطازجة. دعه يقف لمدة 20 دقيقة. قم بإزالة جوانب قالب التورتة بالضغط لأعلى على الجزء السفلي القابل للإزالة.

g) توضع على طبق دائري وتزين بالأعشاب الطازجة وتقدم.

81. تورتة كريمة بالثوم والجبن

يصنع: 8 حصص

مكونات:
- 1 قشرة فطيرة مبردة
- 1 ملعقة صغيرة دقيق
- 3 أونصات جبنة كريمية طرية
- عبوة 6 أونصات ثوم و بهارات جبنة كريمية قابلة للدهن
- 2 ملعقة طعام سمنة
- 3 بيض
- نصف ملعقة صغيرة زعتر
- نصف ملعقة صغيرة فلفل أحمر مطحون
- نصف كوب حليب أو كريمة ثقيلة

تعليمات:
a) يسخن الفرن إلى 375 درجة فهرنهايت.
b) يُبطن طبق الفطيرة بالقشرة ؛ رش القليل من الدقيق.
c) يخفق الجبن والزبدة حتى تصبح ناعمة. أضف البيض والزعتر والفلفل الأحمر. يخفق حتى يصبح خفيف ودسم. يخفق في الحليب حتى يمتزج. تصب في قشرة فطيرة.
d) اخبزيها في الثلث السفلي من الفرن لمدة 30 دقيقة حتى تصبح خفيفة ومنتفخة واختبارات السكين نظيفة. إذا تحمر بسرعة كبيرة ، قم بتغطيته بورق الألمنيوم خلال الدقائق العشر الأخيرة من الطهي.
e) توضع على رف سلكي وتبرد إلى درجة حرارة الغرفة.

82. تارت الكاري والجبن

يجعل: 24 حصة

مكونات:
- 16 أوقية من الجبن الكريمي
- 2 ملاعق صغيرة مسحوق الكاري
- 2 ملعقة طعام مدري
- 8 اونصة جبنة الشيدر؛ تمزيقه
- 4 البصل الأخضر؛ رقيقة شرائح
- 9 أونصة جرة الصلصة

تعليمات:
a) ضع عبوات غير مغلفة من الجبن الكريمي في كوب زجاجي سعة 2 لتر.
b) الميكروويف على نار متوسطة لمدة 2½ دقيقة.
c) اخلط في مسحوق الكاري والشيري. يُطوى الشيدر ونصف من البصل؛ اخلط جيدا.
d) يُسكب المزيج في طبق التقديم في دائرة 8 بوصات.
e) استخدم الملعقة لتشكيل شكل لاذع، وبناء الجوانب أثناء وضع مسافة بادئة للجزء العلوي.
f) ضعي الصلصة في الخلاط وهرسها حتى يصبح المزيج متجانسًا.
g) صب في المنطقة البادئة من لاذع الجبن. تبرد حتى تصبح متماسكة.
h) للتقديم، يُزيّن الجزء العلوي بالبصل المتبقي.

83. تارت الجبن الفرنسي

يجعل: 12 حصة

مكونات:
- 2 كوب طحين لجميع الاستخدامات؛ غير منقول
- نصف ملعقة صغيرة ملح
- نصف ملعقة صغيرة مسحوق الخبز
- نصف كوب الزبدة أو المارجرين
- نصف كوب سكر حبيبات
- 2 صفار البيض
- 2 ملعقة طعام كريمة ثقيله
- نصف ملعقة صغيرة قشر الليمون المبشور
- 4 ملاعق كبيرة الزبدة أو المارجرين
- نصف كوب سكر حبيبات
- 2 كوب الجبن الجاف
- 1 صفار البيض
- نصف كوب كريمة ثقيله
- نصف كوب الزبيب الذهبي
- نصف ملعقة صغيرة قشر الليمون المبشور
- 1 بياض البيضة؛ مهترئ قليلا
- حلواني سكريات

تعليمات:
a) في وعاء ، ينخل الدقيق والملح والبيكنج بودر.
b) باستخدام خلاط المعجنات ، نقطع الزبدة حتى يشبه الخليط الفتات الخشنة.
c) أضف نصف كوب من السكر المحبب ، و 2 من صفار البيض ، و 2 ملاعق كبيرة من الكريمة الثقيلة ، ونصف ملعقة صغيرة من قشر الليمون. بشوكة ، اخلطي حتى تتماسك المعجنات.
d) اقلب على سطح مرشوش قليلًا بالدقيق ؛ اعجن حتى تصبح ناعمة ، حوالي دقيقتين.
e) شكل على شكل كرة لف في ورق مشمع. برد المعجنات لمدة 30 دقيقة. اصنع الجبن حشوة:
f) في وعاء به خلاط كهربائي بسرعة عالية ، اخفقي الزبدة والسكر المحبب والجبن القريش حتى تمتزج جيدًا ، حوالي 3 دقائق.

g) أضف صفار البيض والقشدة. وفاز أيضا أضيفي الزبيب وقشر الليمون. يسخن الفرن إلى 350 درجة فهرنهايت.

h) دهن خفيف صينية خبز مقاس 13 × 9 × 2 بوصة. تقسم المعجنات إلى نصفين.

i) على سطح مرشوش قليلًا بالدقيق ، افرد نصف المعجنات على شكل مستطيل مقاس 13 × 9 بوصة.

j) تناسب الجزء السفلي من المقلاة المعدة. تصب في الحشوة ، وتوزع بالتساوي.

k) قسمي المعجنات المتبقية إلى نصفين. قطع نصف إلى 5 قطع متساوية.

l) على لوح ، قم بلف كل قطعة في شريط يشبه القلم الرصاص بطول 13 بوصة.

m) رتبي هذه الشرائط بالطول ، وبفارق 1½ بوصة عن الحشوة.

n) مع المعجنات المتبقية ، اصنع شرائط كافية لتناسب قطريًا ، على بعد 1 بوصة ، عبر شرائح طولية.

o) تدهن شرائح المعجنات ببياض البيض.

p) اخبزيها لمدة 40 دقيقة أو حتى يصبح لونها بنياً ذهبياً. دعه يقف لمدة 5 دقائق.

q) ثم يرش سكر الحلويات ويقطع إلى مربعات بحجم 3 بوصات. قدميها دافئة.

84. تارت جبن الماعز والسبانخ

يصنع: 8 حصص

مكونات:
- نصف كوب بصل مقطع
- 1 ملعقة طعام زيت الزيتون
- 3 أكواب سبانخ مغسولة ومغسولة
- 5 بيض
- 1½ كوب جبن الماعز الطازج
- 2 كوب كريمة ثقيله
- 1 ملح؛ ليتذوق
- 1 فلفل أبيض مطحون طازجًا ليتذوق
- 1 تسعة بوصات قذيفة لاذع عادي
- 2 ملعقة طعام قطع الثوم المعمر
- 2 ملعقة طعام فلفل أحمر مفروم ناعماً

تعليمات:

a) سخني الفرن على 350 درجة. يُطهى البصل في الزيت في مقلاة لمدة 5 دقائق حتى ينضج ؛ يضاف السبانخ ، حفنة في كل مرة ، مع التحريك.

b) يُطهى حتى يذبل السبانخ ، ويطلق السائل ، ويتبخر السائل.

c) نقل إلى وعاء لتبرد. في وعاء آخر اخفقي البيض مع جبن الماعز حتى يمتزجوا جيداً ، أضيفي الكريمة وقلبي في خليط السبانخ المبرد. يتبل بالملح والفلفل. ملء قذيفة لاذع. اخبزيها لمدة 30 دقيقة ، حتى يثبّت الكاسترد بإحكام على الجانبين ، لكن لا يزال رطبًا قليلاً في الوسط.

d) تبرد على رف لمدة 10 دقائق قبل تقطيعها إلى أسافين. قدميها مزينة بالثوم المعمر المقطع والفلفل الأحمر المقطّع.

85. تارت الأناناس والجبن الذهبي

يجعل: 12 حصة

مكونات:
- 2 كوب دقيق غير منقول
- نصف ملعقة صغيرة ملح
- نصف ملعقة صغيرة مسحوق الخبز
- نصف كوب الزبدة أو المارجرين
- نصف كوب سكر
- 2 صفار البيض
- 2 ملعقة طعام كريم
- نصف ملعقة صغيرة قشر الليمون المبشور
- 8 أونصات أناناس مطحون
- 4 ملاعق كبيرة الزبدة أو المارجرين
- نصف كوب سكر
- 16 أوقية جبنة كريمية طرية
- 1 صفار البيض
- نصف كوب كريمة ثقيله
- نصف كوب الزبيب الذهبي
- 1 ملعقة صغيرة قشر الليمون المبشور

تعليمات:
معجنات:
a) في وعاء ، ينخل الدقيق والملح والبيكنج بودر.
b) باستخدام خلاط المعجنات ، قطعي نصف كوب زبدة حتى يصبح المزيج مثل الفتات الخشنة.
c) أضف السكر ، 2 من صفار البيض ، والكريمة ، وقشر الليمون.
d) تخلط باليد حتى يتماسك الخليط. يُطحن ويُعجن لمدة دقيقتين تقريبًا ،
e) توضع المعجنات في الثلاجة على ورق مشمع لمدة 30 دقيقة.
f) صفي الأناناس ، وسخني الفرن إلى 350 درجة فهرنهايت ، دهن مقلاة مقاس 10 بوصات.
g) قم بإزالة جانب المقلاة.

حشوة:
h) في وعاء ، اخفقي الزبدة والسكر والجبن على سرعة عالية حتى تمتزج.
i) أضف صفار البيض والقشدة. أضيفي الأناناس والزبيب وقشر الليمون. اجلس جانبا.

j) ضعي نصف عجين العجين في قاع قالب الزنبرك.
k) افردي العجينة لتناسب الصينية. اخبزيها لمدة 12 دقيقة أو حتى تصبح ذهبية اللون. رائع. استبدل جانب الزنبرك من المقلاة.
l) اسكبي الحشوة في المقلاة - وزعيها بالتساوي.
m) تزيين الجزء العلوي من الحشوة بالباقي من العجين .
n) اخبزيها لمدة 40 دقيقة أو حتى يصبح لونها بنياً ذهبياً. تبرد لمدة 10 دقائق. يرش سكر الحلويات. خدمة الحارة أو في درجة حرارة الغرفة. يحفظ مبردا.

86. عنب و تارت الكشمش مع جبن فونتينا

يصنع: 8 حصص

مكونات:

- نصف كوب ماء مغلي
- نصف كوب الكشمش المجفف
- 6 شرائح خبز أبيض أونصة كل شريحة
- رذاذ طبخ الخضار
- 1½ كوب كريمة الحليب؛ مقسم
- 1¼ كوب مكعبات جبنة فونتينا 5 أونصات
- 1¼ كوب عنب أحمر بدون بذور نصف
- 2 ملعقة طعام طحين لجميع الاستخدامات
- نصف كوب سكر
- 2 ملعقة طعام الذرة الصفراء
- 1 ملعقة صغيرة قشر الليمون المبشور
- 3 بياض البيض؛ ضرب بخفة
- 1 بيضة؛ ضرب بخفة
- 1 ملعقة صغيرة زيت الزيتون البكر الممتاز
- 1 ملعقة طعام سكر
- 2 ملاعق صغيرة إكليل الجبل الطازج المفروم

تعليمات:

a) سخني الفرن على 350 درجة.

b) الجمع بين الماء المغلي والكشمش. دعه يقف لمدة 15 دقيقة. يُصفّى ويُترك جانباً. تقليم القشور من الخبز. تجاهل القشور.

c) قطع كل شريحة إلى 4 مثلثات. ضع المثلثات في طبقة واحدة في طبق كيشي مقاس 10 بوصات مغطى برذاذ الطبخ. صب نصف كوب حليب فوق الخبز. دعه يقف لمدة 5 دقائق. قمة مع الكشمش والجبن والعنب.

d) ضعي الدقيق في وعاء ، وأضيفي الكوب المتبقي من الحليب تدريجيًا مع التحريك بمضرب خفق سلكي حتى يمتزج.

e) قلّبي نصف كوب من السكر ودقيق الذرة وقشر الليمون وبياض البيض والبيض ؛ صب على التورتة. رشي الزيت فوق التورتة ، ورشي ملعقة كبيرة من السكر وإكليل الجبل.

f) اخبزيها لمدة 45 دقيقة أو حتى تنضج ؛ دعها تبرد على رف سلكي

87. فطائر الجبن بالأعشاب

يجعل: 24 حصة

مكونات:
- نصف كوب فتات خبز جاف ناعم أو زويباك مطحون ناعماً
- 8 أونصات عبوة جبن كريمة طرية
- نصف كوب جبن قريش على طريقة الكريمة
- نصف كوب جبنة سويسرية مبشورة
- 1 ملعقة طعام طحين لجميع الاستخدامات
- نصف ملعقة صغيرة ريحان مجفف مطحون
- نصف ملعقة صغيرة مسحوق الثوم
- 2 بيض
- طلاء بخاخ غير لاصق
- القشدة الحامضة الألبان
- زيتون ناضج مقطّع إلى شرائح أو شرائح ، كافيار أحمر
- فلفل أحمر محمص

تعليمات:

a) بالنسبة للقشرة ، قم برش 24 كوب مافن 1¾ بوصة مع طلاء بخاخ غير لاصق.

b) رشي فتات الخبز أو zwieback المسحوق على القاع والجوانب لتغليفها.

c) رج المقالي لإزالة الفتات الزائد. اجلس جانبا.

d) في وعاء خلط صغير ، يُمزج الجبن الكريمي والجبن القريش والجبن السويسري والدقيق والريحان ومسحوق الثوم. اضرب بالخلاط الكهربائي على سرعة متوسطة حتى يصبح المزيج رقيقًا.

e) أضف البيض تغلب على سرعة منخفضة فقط حتى تمتزج. لا تبالغ.

f) املأ كل كوب مافن مبطن بفتات الخبز بملعقة كبيرة من خليط الجبن. تُخبز في فرن 375 درجة فهرنهايت لمدة 15 دقيقة أو حتى يظهر المركز على حاله.

g) تبرد في مقالي على رفوف سلكية لمدة 10 دقائق. أخرجه من المقالي.

h) تبرد جيدًا على الرفوف السلكية.

i) للتقديم ، يُمد القمم بالقشدة الحامضة. يُزين بالزيتون والكافيار والثوم المعمر و / أو الفلفل الأحمر وقطع الزيتون. يصنع: 24 تارت.

j) تُخبز الفطائر وتُبرد حسب التوجيهات ، باستثناء عدم دهنها بالقشدة الحامضة أو فوقها بالزينة.

k) يغطى ويبرد في الثلاجة لمدة تصل إلى 48 ساعة. دع الفطائر تقف في درجة حرارة الغرفة لمدة 30 دقيقة قبل التقديم.

l) يُدهن بالقشدة الحامضة ويُزين حسب التوجيهات.

88. تارت جبنة البحر الأبيض المتوسط

يجعل: 12 حصة

مكونات:
- 8 صفائح عجينة فيلو مجمدة ؛ إذابة
- نصف كوب سمنة؛ ذاب
- نصف كوب جبنة البارميزان؛ مبشور
- نصف كوب بصلة؛ مقطع
- 1 ملعقة صغيرة إكليل جبل طازج؛ مقصوص
- نصف ملعقة صغيرة (إكليل الجبل المجفف ، مسحوق)
- 1 ملعقة طعام زيت الزيتون
- 5 أونصات سبانخ مجروشة مجمدة إذابة
- نصف كوب صنوبر محمص أو جوز
- 1 بيضة
- 1 كوب جبنة ريكوتا
- نصف كوب جبنة فيتا؛ انهار
- نصف كوب حزمة زيت الطماطم المجففة. استنزاف
- نصف ملعقة صغيرة فلفل مطحون خشن
- 1 ملعقة طعام جبنة البارميزان؛ مبشور

تعليمات:

a) تتكشف فيلو. قم بتغطيته بغلاف بلاستيكي أو منشفة مبللة لمنعه من الجفاف.
b) على سطح عمل جاف ، ضع ورقة واحدة من الرقائق ؛ دهنها بالزبدة.
c) ضعي طبقة أخرى من رقائق البطاطس ، وادهنها بالزبدة ، ورشيها بملعقة كبيرة من جبنة البارميزان.
d) كرري العملية مع باقي أوراق الفيلو والزبدة وجبن البارميزان.
e) باستخدام مقص المطبخ ، قم بتقطيع الرقاقة إلى دائرة مقاس 11 بوصة.
f) ارفعي القشرة بالتساوي في المقلاة المعدة ، مع التقليب حسب الضرورة مع الحرص على عدم تمزيق الرقاقة. غطي المقلاة بمنشفة رطبة ؛ اجلس جانبا.
g) للحشوة: يُطهى البصل وإكليل الجبل في زيت الزيتون في قدر متوسطة الحجم حتى ينضج البصل. يقلب في السبانخ والصنوبر.
h) يوزع في صينية مبطنة بطبقة من الرقائق. اجلس جانبا.
i) يخفق البيض برفق في وعاء. أضيفي جبنة الريكوتا والفيتا والطماطم والفلفل. وزعي الخليط بحذر على السبانخ. رشي ملعقة كبيرة من جبنة البارميزان.
j) ضع قالب الزنبرك على صينية خبز ضحلة على رف الفرن. اخبزيها في فرن 350 لمدة 35 إلى 40 دقيقة أو حتى يبدو المركز وكأنه شبه جاهز عند الرج.

k) تورتة باردة في مقلاة سبرينغ فورم على رف سلكي لمدة 5 دقائق. قم بفك جوانب المقلاة. تبرد لمدة 15 إلى 30 دقيقة أخرى. قبل التقديم ، تُرفع جوانب الربيع من المقلاة. قدميها دافئة.

89. فطائر الليمون والجبن

يجعل: 1 حصة

مكونات:
- نصف كوب عصير ليمون
- قشر 1 ليمون مبشور
- نصف كوب بالإضافة إلى 1 ملعقة كبيرة من السكر
- 2 بيض؛ للضرب
- نصف كوب الزبدة أو المارجرين - قشور الجبن الكريمي -
- نصف كوب الزبدة أو المارجرين خففت
- 3 أونصات عبوة من الجبن الكريمي خففت
- 1 كوب طحين لجميع الاستخدامات
- كريمة مخفوقة

تعليمات:

a) يُمزج عصير الليمون والقشر والسكر فوق غلاية مزدوجة ؛ يقلب في البيض والزبدة.

b) يُطهى فوق الماء المغلي مع التحريك باستمرار حتى يتماسك.

c) ملء الملعقة في قشور الجبن الكريمي ؛ يُزين بالكريمة المخفوقة.

d) يُمزج الزبدة والجبن الكريمي مع الخلط حتى يصبح المزيج ناعمًا. يضاف الدقيق ويخلط جيدا. برد لمدة 1 ساعة.

e) شكل العجين إلى كرات بحجم 1 بوصة ؛ ضع كل منها في كوب مافن صغير مدهون جيدًا ، وتشكيله في صدفة.

f) اخبز على 350 درجة لمدة 25 دقيقة. اتركه يبرد قبل الملء.

90. تارت جبنة البابايا مع مكسرات المكاديميا

يصنع: 8 حصص

مكونات:

- 2 كوب دقيق
- 6 أونصات من مكعبات الزبدة الباردة غير المملحة
- نصف ملعقة صغيرة ملح
- نصف ملعقة صغيرة سكر
- نصف كوب ماء بارد
- 12 أوقية جبنة الكريمة
- 4 أونصات كريمة خفق ثقيلة القوام
- نصف كوب سكر ناعم
- نصف ملعقة صغيرة خلاصة الفانيليا
- 1 بابايا ناضجة جدًا ، مقشرة ومقطعة إلى شرائح "
- نصف كوب صقيل الخوخ ، ذاب
- نصف كوب مكسرات المكاديميا محمصة
- 8 أونصات من الشوكولاتة المرة
- 8 أونصات من الشوكولاتة شبه الحلوة
- 2½ كوب كريمة ثقيله
- 4 ملاعق كبيرة ماء دافئ

تعليمات:

a) تحضير قشرة التارت - نخل الدقيق والملح والسكر معًا. تُغطى مكعبات الزبدة بخليط الدقيق والماء وتُعجن حتى تصبح مرنة ، لكن غير متجانسة.

b) اتركي قطعًا من الزبدة العادية ، وإلا فإن العجين يصبح شديد المرونة. لفي العجينة برفق إلى سمك ¼ بوصة وضعيها في صينية التورتة. تقليم الحواف وكزة قاع المعجنات بشوكة. تُخبز في الفرن على حرارة 350 درجة فهرنهايت لمدة عشر دقائق أو حتى تحمر القشرة اللاذعة قليلاً. برد.

c) تحضير حشوة الجبن بالكريمة - اخفقي كريمة الخفق حتى تتشكل قمم ناعمة. في الخلاط ، اخفقي الجبن الكريمي حتى يصبح رقيقًا. أضيفي الكريمة المخفوقة والسكر البودرة وخلاصة الفانيليا.

d) اجلس جانبا.

e) املأ القشرة اللاذعة بخليط الجبن الكريمي.

f) رتبي شرائح البابايا في شكل دولاب الهواء فوق الجزء العلوي من جبنة الكريمة. ضع مكسرات المكاديميا في وسط التارت. بفرشاة المعجنات ، قم بتغطية الجزء العلوي من التورتة بطلاء الخوخ. برد لمدة ساعة قبل التقديم.

g) تحضير صلصة الشوكولاتة - تسخين الشوكولاتة المرة ، الشوكولاتة شبه المحلاة ، الكريمة الثقيلة ، والماء الدافئ في قدر ، مع التحريك المتكرر حتى تصبح الصلصة ناعمة.

h) للتقديم - قطعي التارت إلى 8 قطع. رشي صوص الشوكولاتة على طبق وضعي قطعة واحدة من التارت على كل طبق.

91. تارت جبنة الريكوتا والسبانخ

يجعل: 6 حصص

مكونات:

- 14 أونصة طحين سادة قوي
- 1 قرصة ملح
- 1 حزمة ويتروز ريحان و زعتر مفروم
- 3 ملاعق كبيرة زيت زيتون
- 3 البيض والضرب
- 250 جرام جبنة ريكوتا
- عبوة 500 جرام من أوراق السبانخ الكاملة المجمدة
- جوزة الطيب المبشور الطازج
- 2 بيض
- 1 أونصة حبات الصنوبر المحمص
- 1 ليمون؛ تلذذ
- 3 أونصات جبن بارميزان مبشور
- ملح وفلفل أسود مطحون طازجًا
- حليب للتزجيج

تعليمات:

a) ينخل الدقيق في وعاء ويضاف الملح والأعشاب.
b) تقدم جيد في الوسط. نضيف الزيت ثم نضيف البيض تدريجياً.
c) امزجي حتى يصبح المزيج ناعمًا ، مع إضافة القليل من الماء إذا لزم الأمر.
d) اعجن لمدة 10 دقائق ، ثم لفها في غلاف بلاستيكي وضعها في الثلاجة لمدة 30 دقيقة.
e) امزج جميع مكونات الحشوة.
f) على سطح مرشوش بالدقيق ، افردي ثلثي المعكرونة واستخدميها في تغليف علبة مربعة الشكل.
g) تُسكب الحشوة في المعكرونة وتُفرغ لتغطي القاعدة.
h) افردي الباستا المتبقية وغطي الجزء العلوي.
i) بلل الحواف وأغلقها بقليل من الماء.
j) قم بقص أي معكرونة زائدة وادهنها بقليل من الحليب وخزها وضعها في وسط فرن مسخن مسبقًا.
k) اخبزيها على حرارة 400 درجة فهرنهايت لمدة 25-30 دقيقة حتى تصبح ذهبية اللون من الأعلى.

92. تارت الجبن الجنوبي الغربي

يصنع: 8 حصص

مكونات:
- 1 ملعقة طعام زيت
- نصف كوب الفلفل الأحمر المفروم
- نصف كوب بصل مقطع
- 1 ملعقة طعام ثوم مفروم
- 1 ملعقة طعام فلفل هالابينو مفروم
- 4 بيض
- 2 كوب كريمة ثقيله
- 2 كوب هالبينو جاك بالجبن
- 1 كوب حبات الذرة المحمصة زائد
- 1 نواة الذرة المحمصة الإضافية ؛ للتزيين
- 1 كوب الفاصوليا السوداء المطبوخة شطف
- نصف ملعقة صغيرة الكمون المطحون
- نصف ملعقة صغيرة مسحوق شطة
- 1 ملح؛ ليتذوق
- 1 فلفل أبيض مطحون طازجًا ليتذوق
- 1 9 بوصة قذيفة لاذع مخبوزة
- 1 خدمة بيكو دي جالو
- 1 الكزبرة المفرومة؛ للتزيين

تعليمات:

a) في مقلاة سخني الزيت واطبخي الفلفل الحلو والبصل والثوم حتى تنضج. توضع جانبا لتبرد.

b) في وعاء ، اخفقي البيض والقشدة حتى تمتزج. يُضاف الخضار المقلية والمكونات المتبقية ويتبل بالبهارات والملح والفلفل. يُسكب مزيج البيض في القشرة اللاذعة ويُخبز لمدة 30 دقيقة أو حتى يتماسك الكسترد.

c) تبرد لفترة وجيزة قبل التقطيع. قدميها مع بيكو دي جالو جنبًا إلى جنب ، مع رشها بحبات الذرة المحمصة والكزبرة المفرومة.

تارت الفطر

93. تارت الفطر الغريب

يصنع: 8 حصص

مكونات:
- 2½ كوب دقيق؛ زائد
- 2 ملعقة طعام دقيق
- 2 ملاعق صغيرة ملح
- نصف ملعقة صغيرة حريف
- 1 كوب شحم الخنزير
- 2 ملعقة طعام ماء مثلج
- 2 ملعقة طعام سمنة
- نصف كوب بصل مفروم
- ملح؛ ليتذوق
- فلفل أسود مطحون طازجًا ليتذوق
- 4 أكواب شرائح فطر إستوائي
- 2 ملاعق صغيرة الثوم المفروم
- 2 كوب كريمة ثقيله
- 3 بيضات
- رشة من صلصة الفلفل الحار
- 1 اندفاعة صلصة رسيستيرشاير
- 1 كوب جبنة شيدر بيضاء مبشورة
- 4 أونصات جبن بارميجيانو ريجيانو محلوق
- 2 كوب براعم البازلاء

تعليمات:
a) رذاذ من زيت الكمأة الأبيض
b) في وعاء ، اخلطي 2½4 كوب دقيق ، 2 ملعقة صغيرة ملح و 12 ملعقة صغيرة من الفلفل الحار. نقطع الشحم بخلاط المعجنات حتى يشبه الخليط وجبة خشن.
c) نضيف الماء المثلج ونخلط حتى تخرج العجينة عن جوانب الوعاء. شكلي العجينة على شكل كرة وغطيها بغلاف بلاستيكي. ضعها في الثلاجة واتركها تبرد لمدة ساعة.
d) سخني الفرن على 350 درجة. أخرجي العجينة من الثلاجة واتركيها لمدة 5 دقائق. رشي الدقيق المتبقي على سطح العمل. افردي العجينة إلى 12 بوصة دائرية بسمك بوصة.
e) اطوي العجينة إلى أرباع وضعيها في صينية تورتة مقاس 10 بوصات. لفّ دبوسًا خشبيًا فوق المقلاة لقطع العجينة الزائدة.

f) وخز قاع القشرة بالشوكة. في مقلاة متوسطة الحجم ، على نار متوسطة ، تذوب الزبدة. أضف البصل. يتبل بالملح والفلفل. يقلى لمدة 1 دقيقة. أضف الفطر. يتبل بالملح والفلفل.

g) استمر في القلي لمدة 3 إلى 4 دقائق أو حتى يذبل الفطر.

h) يُضاف الثوم ويُرفع عن النار. تبرد تماما. في وعاء ، اخفقي الكريمة والبيض معًا. يتبل بنصف ملعقة صغيرة من الملح والفلفل وصلصة الفلفل الحار وصلصة رسيستيرشاير.

i) اخلط جيدا. يُسكب مزيج الفطر في قشرة المعجنات. رشي الجبن فوق الفطر. يُسكب مزيج الكريما فوق الجبن.

j) اخبزيها حتى يتماسك المركز ويصبح الجزء العلوي ذهبيًا ، حوالي 55 دقيقة. أخرجيها من الفرن واتركيها تبرد لمدة 5 دقائق قبل تقطيعها للتقديم. في وعاء ، ارمِ براعم البازلاء بزيت الكمأة. يتبل بالملح والفلفل. للتقديم ، ضع شريحة من التارت في وسط كل طبق.

k) زين كل منها بكومة من براعم البازلاء.

94. فطائر الفطر الرقيقة

يجعل: 30 حصة

مكونات:
- 1 باوند فطر. طازج
- 1 وسط بصلة
- نصف كوب بَقدونس؛ طازج
- نصف كوب نبيذ أبيض
- اندفاع صلصة الفلفل الحار
- 4 فيلو العجين؛ إذابة
- 6 ملاعق كبيرة ذابت الزبدة
- 4 أونصات جبن مونتيري جاك مكعب

تعليمات:

a) يسخن الفرن إلى 400.
b) يقطع الفطر والبصل والبقدونس. في مقلاة كبيرة، اخلطي الفطر والبصل والبقدونس والنبيذ وصلصة الفلفل الحار. غطاء.
c) يُطهى لمدة 5-7 دقائق حتى ينضج الفطر، مع التحريك من حين لآخر.
d) اكشف الغطاء واطهيه حتى يتبخر السائل. رائع.
e) ادهني ورقة واحدة من عجينة الفيلو بالزبدة المذابة.
f) توضع قطعة أخرى من العجين فوق الصفيحة الأولى.
g) دهنها بالزبدة. كرري العملية مع باقي العجينة والزبدة.
h) قطع المكدس إلى مربعات 2 بوصة.
i) اضغطي برفق على كل قطعة في صينية مافن صغيرة غير مدهونة.
j) ضعي حوالي 2 ملاعق صغيرة من خليط الفطر في كل كوب. ضع فوق كل منها مكعب جبن.
k) اخبزيها لمدة 15 - 18 دقيقة أو حتى يصبح لونها بني فاتح. قدميها دافئة.

95. تارت الباذنجان المشوي والفطر

يصنع: 8 حصص

مكونات:
- رذاذ الطبخ
- 1 حبة كبيرة الباذنجان؛ مقشرة ومقطعة إلى شرائح "
- 6 قطع كبيرة بطاطا؛ مقشرة ومقطعة إلى شرائح "
- 6 قطع كبيرة فطر بورتابيلا القبعات والسيقان مفصولة، والقبعات كاملة، والسيقان مقطعة
- زيت الزيتون للدهن
- 1 ملعقة طعام زيت الزيتون؛ لفتات الخبز
- ملح وفلفل
- نصف كوب بَقدونس؛ مقطع
- نصف كوب رَيحان؛ جوليان
- نصف كوب جبن بارميزان طازج مبشور أو بيكورينو رومانو
- 1 كوب فتات الخبز الطازج
- 1 ملعقة طعام زيت الزيتون
- 1 صغير بصلة؛ مفروم
- 1 ساق الكرفس مفروم
- 4 قطع كبيرة طماطم؛ البذور والمفرومة. بشكل خشن
- نصف كوب الجزر المبشور
- 1 ملعقة صغيرة الزعتر الطازج؛ أو نصف ملعقة صغيرة زعتر مجفف
- 1 ملعقة صغيرة عصير ليمون طازج
- 2 ملاعق صغيرة البقدونس الطازج؛ مقطع

تعليمات:

a) صنع المذاق: سخني الزيت في قدر غير متفاعل. يقلب البصل والكرفس ويقلى على نار متوسطة لمدة 3 دقائق.

b) أضيفي الطماطم والجزر والزعتر والملح والفلفل حسب الرغبة. ينضج المذاق برفق حتى ينضج معظم السائل. يرفع عن النار.

c) قبل التقديم مباشرة، أعد تدفئة المذاق. يرفع عن النار ويقلب عصير الليمون والبقدونس.

d) رش رف الشواية جيدًا برذاذ الطهي. سخن الشواية على حرارة متوسطة إلى عالية. يُدهن الباذنجان والبطاطس والفطر جيدًا بزيت الزيتون ويتبل على الجانبين بالملح والفلفل.

e) رشي قالب كيك 9 إنش أو قالب تارت جيداً برذاذ الطبخ ، سخني المقلاة إما في الفرن أو فوق الشواية ، إذا كانت كبيرة بما يكفي ، اتركيها ساخنة.

f) تُشوى جميع الخضروات على كلا الجانبين حتى تنضج وتحمر جيدًا. قطّعي قبعات الفطر إلى شرائح رفيعة. اصنعي طبقات في الفطيرة أو التارت - الباذنجان ، البطاطس ، الفطر ، رشي القليل من البقدونس ، الريحان ، والجبن المبشور بين كل طبقة نباتية. حافظ على السخونة.

g) في مقلاة صغيرة ، سخني 3 ملاعق كبيرة من زيت الزيتون على نار متوسطة عالية حتى يسخن. يُضاف فتات الخبز ويُقلى حتى يصبح لونه بنياً ذهبياً.

h) تارت مع فتات الخبز. قدميها على الفور مع مجموعة صغيرة من مذاق الطماطم تحت كل قطعة.

96. فطائر الفطر

يصنع: 4 حصص

مكونات:
- نصف كوب قشدة الألبان الحامضة
- 3 أونصات من الجبن الكريمي خففت
- نصف كوب فتات الخبز الجاف
- 1 ملعقة طعام الأعشاب المجففة الشبت
- نصف ملعقة صغيرة ملح
- 1 ملعقة طعام عصير ليمون
- 4.5 أونصة فطر شرائح العملاق الأخضر
- 1 القرنفل والثوم؛ مفروم
- نصف كوب الزبدة أو المارجرين
- 8 رقائق المعجنات المجمدة

تعليمات:
a) سخني الفرن إلى 350 درجة.
b) في وعاء، يُمزج القشدة الحامضة والجبن الكريمي وفتات الخبز وعشب الشبت والملح وعصير الليمون ؛ تخلط جيدا. يقلب في شرائح الفطر. اجلس جانبا.
c) لعمل زبدة الثوم ، في مقلاة صغيرة على نار خفيفة ، اطهي الثوم في الزبدة حتى تنضج مع التحريك باستمرار. تُغطى 16 كوب مافن بزبدة الثوم. اجلس جانبا.
d) ادهني ورقة بسكويت كبيرة بزبدة الثوم. فتح أوراق phyllo. غطيها بغطاء بلاستيكي أو منشفة. ادهني ورقة من رقائق البطاطس برفق بالزبدة بالثوم. ضعه على ورقة البسكويت بالزبدة.
e) ادهني ورقة الفيلو الثانية بزبدة الثوم برفق. ضعه فوق أول ورقة بالزبدة. كرر ذلك مع أوراق الرقائق المتبقية. بسكين حاد ، اقطع جميع طبقات أوراق الفيلو لعمل 16 مستطيلاً.
f) اضغطي برفق على كل مستطيل في كوب مافن بالزبدة والثوم. ضعي ملعقة كبيرة ممتلئة من خليط الكريما الحامضة في كل كوب. ضعي فوق كل منها الفطر الكامل ، وادفع الساق إلى الحشوة. رشي بقايا زبدة الثوم.
g) اخبزيها على حرارة 350 درجة لمدة 18-20 دقيقة أو حتى يصبح لونها بنياً ذهبياً فاتحاً.

97. تارت مشروم مدخن

يصنع: 8 حصص

مكونات:

- ⅓ عجينة الزبدة
- 1 بياض البيض ، مخفوق بخفة
- 2 ملعقة طعام سمنة
- 10 أونصات فطر مقطع شرائح
- 7 أونصات فطر شيتاكي ، ينبع مهملة
- وشرائح الفطر
- 1 ملعقة طعام ثوم طازج مفروم
- 2 ملاعق صغيرة زعتر مجفف ، مطحون
- نصف ملعقة صغيرة فلفل أسود مطحون
- ½ جنيه جبنة موزاريلا مدخنة ، مقطعة إلى شرائح رفيعة
- 2 ملعقة طعام جرات أسياجو أو جبن بارميزان
- نصف كوب قطع الجوز
- 1 ملعقة طعام البقدونس المفروم

تعليمات:

a) يُسخن الفرن إلى 400 درجة فهرنهايت ، على سطح مرشوش قليلاً بالدقيق ، تُلف العجينة حتى تصل إلى 14 بوصة.

b) انقله إلى صينية تورتة مقاس 11 بوصة ذات قاع قابل للإزالة.

c) حواف تقليم وخز الجزء السفلي بأسنان الشوكة.

d) غطِّ قشرة المعجنات بورق القصدير وأوزان المعجنات أو الفاصوليا المجففة أو الأرز الخام. اخبزيها لمدة 15 دقيقة.

e) قم بإزالة الرقائق والأوزان.

f) اخبزي لمدة 5 إلى 6 دقائق أو حتى تبدأ المعجنات في التحول إلى اللون الذهبي. فرشاة مع بياض البيض. اخبز 1 دقيقة أطول.

g) تبرد تمامًا على رف سلكي. في مقلاة كبيرة ، تذوب الزبدة على نار متوسطة منخفضة.

h) أضف الفطر والثوم والأوريغانو والفلفل.

i) يُقلى حتى يصبح الفطر ذهبيًا ويتبخر السائل ، حوالي 8 دقائق ؛ تبرد لدرجة حرارة الغرفة.

j) قم بتغطية الجزء السفلي من قشرة التورتة بجبن الموتزاريلا ، وقطع شرائح لملء الفراغات.

k) يُسكب مزيج الفطر ثم يُرش بأسياجو والجوز.

ا) اخبزيها لمدة 20 دقيقة. تبرد لمدة 5 دقائق على الرف السلكي قبل إزالة الحلقة الخارجية. قدميها دافئة.

98. تارت الفطر الثلاثي

يصنع: 10 حصص

مكونات:
- 1 فطيرة مبردة غير مخبوزة قشرة
- 1 كوب شيتاكي طازج مقطع الفطر
- 1 كوب شرائح بيضاء أو بنية طازجة الفطر
- 1 كوب محار طازج مقطع الفطر
- نصف ملعقة صغيرة النعناع المجفف
- 2 ملعقة طعام سمنة
- نصف كوب جبن جروير مبشور
- نصف كوب جبنة سويسرية مبشورة
- نصف كوب لحم مقدد كندي مقطع
- 2 بيض مخفوق قليلاً
- نصف كوب لبن
- 1 ملعقة طعام قطع الثوم المعمر الطازج
- لحم الخنزير المقدد الكندي ، مقطعة إلى شرائح رقيقة
- أسافين اختيارية

تعليمات:

a) اضغطي المعجنات في صينية تورتة مقاس 9 بوصات ذات قاع قابل للإزالة قمة. خط بطبقة مزدوجة من احباط. تخبز في 450 درجة فهرنهايت. 8 دقائق.

b) أزيلي ورق الألمنيوم واستمري في الخبز لمدة 4-5 دقائق حتى يجف.

c) تحويل الفرن إلى 375 درجة فهرنهايت.

d) يُطهى الفطر حتى ينضج في الزبدة ، لمدة 4-5 دقائق ، حتى يتبخر السائل.

e) ازالة من الحرارة.

f) مزيج Gruyere والجبن السويسري ولحم الخنزير المقدد الكندي.

g) أضف الفطر والحليب والبيض والثوم المعمر. تصب في القشرة اللاذعة.

h) اخبزيها لمدة 20 دقيقة حتى تصبح ذهبية اللون.

i) تبرد في مقلاة على رف سلكي لمدة 10-15 دقيقة. يزيل.

j) تُقطّع إلى أسافين وتُزين بقطع من لحم الخنزير المقدد الكندي.

99. تارت الفطر البري وجبن الماعز

يجعل: 2 حصص

مكونات:
- 375 جرام من عجين الفطير الجاهز
- 1 بيضة؛ للضرب
- 50 جرام سمنة
- 250 جرام فطر. مشكل
- 2 حبة كبيرة القرنفل والثوم
- 1 صغير حفنة من أوراق البقدونس المسطحة
- 1 ملعقة طعام الخل البلسمي
- 150 جرام من جبن الماعز
- 2 ملعقة طعام زيت الزيتون
- 100 جرام طماطم كرزية
- 1 ليمون
- 1 صغير حفنة من الريحان
- 100 جرام من أوراق السبانخ الصغيرة

تعليمات:

a) سخن الفرن إلى 220 درجة مئوية / 425 فهرنهايت / غاز 7.

b) ضع العجينة على سطح مرشوش بالدقيق ، اقطع مستطيلين مقاس 12 × 15 سم / 5 × 6 بوصة ، وضعها على صينية خبز غير لاصقة.

c) ادهن البيضة المخفوقة بالفرشاة ، وباستخدام سن سكين حاد ، ضع علامة على حدود 1 سم / 14 بوصة داخل كل قطعة تورتة.

d) وخز المستطيل المركزي بالكامل بشوكة واخبزيه في الفرن لمدة ثماني دقائق حتى يرتفع جيدًا ويصبح ذهبيًا.

e) سخني مقلاة كبيرة بالزبدة. قطع الفطر إلى قطع صغيرة الحجم. يُقطع الثوم إلى شرائح رفيعة ويُضاف إليه الفطر. تقلى لمدة 3-4 دقائق حتى تنضج وذهبية.

f) نقطع البقدونس إلى قطع صغيرة ونضيف نصفها مع الخل البلسمي ونطهو لمدة دقيقة. يتبل بالملح والفلفل والاحتياطي. ضعي جبن الماعز في وعاء وأضيفي البقدونس المتبقي واخلطي جيدًا. يتبل بالفلفل.

g) أخرجي المعجنات من الفرن. قطع بعناية حول المستطيل الداخلي من المعجنات ، وباستخدام شريحة سمكة ، قم بتسطيح القطعة المركزية من المعجنات.

h) أعد علبة المعجنات إلى الفرن لمدة 4-5 دقائق أخرى حتى تنضج تمامًا وتصبح ذهبية اللون.

i) للسلطة: سخني زيت الزيتون في مقلاة صغيرة. قطعي الطماطم الكرزية إلى نصفين وأضيفيها إلى المقلاة مع قشر الليمون وعصر العصير. تخلط جيدا وتتبل بالملح والفلفل.

j) ضعي السبانخ في وعاء واسكبي فوق الصلصة الدافئة.

k) أخرجي التورتة من الفرن، وضعي جبن الماعز عليها بالملعقة، وضعي فوقها الفطر الدافئ. انقليه إلى طبق وقدميه مع السلطة.

10. فطر بري و بيكورينو تارت

يجعل: 1 حصة

مكونات:
- 3 ملاعق كبيرة زيت الزيتون
- 2 حفنات فطر. بري مشكل
- 1 حبة كبيرة قرنفل وثوم _ مفرومة فرما ناعما
- ¼ ليمون؛ تلذذ
- 2 ملعقة طعام بقدونس ناعم؛ مفروم خشن
- 2 صفائح من عجين الفطير
- سمك 2 أعواد الثقاب
- 75 جرام جبن بيكورينو الصغير رقيقة شرائح

تعليمات:
a) سخني الفرن إلى 200 درجة مئوية.
b) سخني زيت الزيتون في مقلاة ، ثم أضيفي الفطر ، وتبليه ، وقلّيه جيداً حتى ينضج.
c) أضيفي الثوم وقشر الليمون والبقدونس. إزالة من الحرارة ويوضع جانبا.
d) ادهن ورقة الخبز بالزيت. ضع ورقتين من المعجنات عليها. ضع الفطر في طبقة في منتصف كل ورقة. ينقل إلى الفرن ويطهى لمدة 20-25 دقيقة ، أو حتى يصبح لونه بنياً ذهبياً.
e) أخرجيها من الفرن وضعيها فوقها البيكورينو وأعيديها للفرن لمدة 3-4 دقائق. أخرجيها وقدميها على الفور.

خاتمة

يعد الاستمتاع ببعض الفطائر التي يتم شراؤها من المتجر أحد ملذات الحياة البسيطة ، لكن التفكير في محاولة خبز التورتة بنفسك قد يبدو مهمة شاقة ، خاصة إذا كنت قد حاولت فقط صنع الكعك والبراونيز. إذا كنت تبحث عن تجربة صنع الفطائر ولكنك لا تعرف من أين تبدأ ، فإن هذا الكتاب سيطلعك على أنواع الفطائر والوصفات التي ستحتاجها للبدء. يتمتع!

Ingram Content Group UK Ltd.
Milton Keynes UK
UKHW020623210623
423802UK00010B/113